JN040574

思考力↑
表現力↑
読解力↑
の東大式99冊！

ドラゴン桜

超バカ読書

東大合格請負人
桜木建二

徳間書店

はじめに

よお！「ドラゴン桜」の、桜木建二だ。

東京で弁護士事務所を開いているんだが、並行して学校法人の理事もやっている。

龍山高校という名だ。聞いたことはあるか？

もともとは偏差値30の「おバカ高校」。ここに乗り込んだオレは、1年で東大合格者を出した。奇跡の学校再生を成し遂げたと、大きな話題になったもんだ。

その後事務所には、全国の私立校から経営指導の依頼が舞い込んだ。「学校法人に強い」という桜木建二法律事務所のブランド価値が、ここにしかと確立された。

昨今は弁護士だって、ただ看板を掲げていればオイシイ仕事が向こうからやってくるなんてあり得ない。本業で結果を出すのはもちろん、つねに話題をふりまき、セルフイメージを創り出す。そんな経営努力が必須というわけだ。

オレは自分の強み——すなわちアイデア力、ビジョン構築力、指導力、交渉力——を駆使して、みずから打ち立てた目標を実現へと導いてきた。まあもちろん、まだまだ道半ばではあるが。

このように物事をすみやかに成功させるには、どうすればいいか？

たったひとつのコツを教えてやろう。それは……、

学べ！

のひとことだ。学び方を学び、学び続ける。学業であれ仕事であれ、成功する人が必ずしていることは、これに尽きる。

日本の学校での「学び」を体験してきた人は、ここで少々誤解をしてしまうかもしれないな。学ぶとは、単に些末な知識を溜め込むことじゃない。

エリザベス女王が即位した年号や、フレミングの法則の使い方を覚えて、問われたらすぐ回答できるようにしておく。大事なことだが、それだけでは知識があまりにピンポイント過ぎる。

もうすこし大局的に、相互につながりを持つかたちで「知」を広げていきたい。そういう学びを続けるとどうなるか？

そう、教養が身につくんだ。教養の涵養、これこそが重要なんだ。

エリザベス女王即位の年号を暗記するだけじゃ、ほぼ世界史のテストでしか使えないだろう？　ところが教養は違う。オールマイティな力の源泉、すなわち人間としての「地力」みたいなものと直結する。

教養と言えるまでに高められた知の力は強大だ。それさえあれば、目の前で巻き起こるどんな複雑な事象も、みずから解きほぐし、整理し、意味を見出し、変形・加工する方法を編み出せる。

教養のある人は、人生のあらゆる場面で、課題発見、問題解決、周りとの十全なコミュニケーションを引き出せる。学業も仕事もその他のプロジェクトでも、そして人間関係も、見事にこなせるんだ。

だからオレは、何度だって強調してやる。

学べ！　学べ！　学べ！

それが人生を拓く唯一の方法だ。

つまり、学ぶことでバカな自分を脱して超えていき、次のステージへ進めということ。いいか、誰だって生まれたまま何もしなければ、真っ白のバカなままに決まっている。「学び」で磨きに磨いて初めて、突き抜けた自分、「超バカ」の自分になれるんだぞ。

でも、いきなり学んで「超バカ」に行き着けと言われたって、具体的にはどうしたらいいのか……。

そう途方に暮れる向きがあるかもしれない。だが、簡単なことなんだ。誰でもすぐに始められる方法を、ここで教えてやる。

本を読むこと。

ただそれだけでいい。

拍子抜けだって？　ちょっと古臭い気がするだと？　バカを言うな。他にどんな方法があるってんだ？

考えてみろ。人は人からすべてを学ぶものだ。生まれたばかりの赤ん坊に、食べ方からモノの持ち方、着替え方に言葉、コミュニケーションのとり方まで、すべての生きる術を教えてくれるのは誰だ？　親をはじめとした、周りにいる人だろう。

成長したあとだって同じだ。人は人から学び続ける。

最近じゃコンピュータがなんでも教えてくれるって？　いや、じゃあそのコンピュータはどうやって生まれたんだ？　人が創造し、つくり上げたものじゃないか。人は人からすべてを学ぶ。これは、どんなに時代が変わろうと変わらぬルールだ。

本というのは、人の言葉が書き記されたものだ。人の教えが凝縮されてそこにある。しかも、長い歴史を経ても残り、受け継がれてきた「人の言葉のベスト・オブ・ベスト」が詰まっているんだ。
　これを活用せずしてどうするんだ？
　さあ、わかったなら、すぐやるぞ。
　いまオレは、龍山高校を再び盛り立てるプロジェクトに乗り出しているところだ。
　その現場での話に則して、どんな本を読めばいいかを教えてやろう。
　いいか、オレだって時間をやりくりしては、人知れず本を読みまくり、学んできたんだ。そのバックボーンがあるからこそ、いざ人前に立ったとき自信を持って核心を突いたことが言えるんだ。
　何の根拠もなく、エラそうな口を叩(たた)いているわけじゃないんだぞ！

✹ Part2　言語力がすべてだ！

✹ Part4　教養は万物に通じる！

Part

1

地頭力を磨こう!

学ぶ目的を考えるための3冊

およそ10年前のことだ。オレは縁あって偏差値30の龍山(りゅうざん)高校の再建を託された。

乗り込んですぐに東大受験クラスをつくり、希望してきた生徒をスパルタ式で徹底的に鍛えた。

それで、１年で東大合格者を出した。

学校は軌道に乗り、順調に合格者を増やしていった。オレは安心して学校の現場を離れた。本業は弁護士だからな。そっちの仕事も忙しいんだ。

ところが……。言わんこっちゃない。

ここへきて、龍山高校の東大合格者がゼロになってしまった。

まったく困ったもんだ。それじゃウチの弁護士事務所の評判にもかかわる。オレはもう一度、生徒たちに直接コミットすることにした。

それでさっそく全校集会の場で、生徒と教員に活(かつ)を入れてやった。

「オレが帰ってきた目的はただ1つ。君たちを東大へ合格させるためだ！　ツベコベ言わず、東大へ行けっ！」

　だが、反応は薄い。いまや中堅校となった龍山高校には、平均的な家庭で育った素直でいい子ばかりが集まっている。

　まあそれは織り込み済みだ。オレはかまわず説いてやった。

「グダグダ言ってんじゃない！　考えるな、動け！　行動するヤツだけが勝つんだ！」

　大半の者には響かなかったようだが、それでいい。いつの時代も、行動に移そうとする人間は、集団の中でごくわずかしかいないものだ。

　案の定、わずかながらだが、新設した東大専門コースの門を叩く者はいた。

　早瀬菜緒と、天野晃一郎。

　ふたりいれば上々だ。それぞれ「頑張れる人になりたい」「考えずに動いてみたい」というのが、足を運んだ理由だという。

　いい動機だ。いや、内側から湧いた動機なら、理由はなんだっていいのだ。

　とにもかくにも、自分で動き出す勇気こそ重要なんだ。天野と早瀬のように、思い立ったらすぐ具体的な行動に移せ。

　学ぶ目的や目標設定のしかたがわかり、きっと行動につなげられる本を以下に挙げておく。

『動的平衡』福岡伸一　木楽舎

生命の持つ柔らかさ、可変性、そして全体としてのバランスを保つ機能――それを、私は「動的な平衡状態」と呼びたいのである。

私たちの知的な欲求や好奇心はいろんな方面へ伸びていくが、煎じ詰めればこうまとめられるんじゃないか。

「我々はどこから来たのか。何者なのか。どこへ行くのか」

私とは何か、この世界とはどんな存在かということをこそ、知りたいのだ。

これは大きな問いゆえ、そう簡単に答えは見つからない。ここにひとつの「解」を示してくれるのが、生物学者・福岡伸一だ。

彼が本書をはじめとする著書で説くところでは、私たちを含む生命とは、「動的な平衡状態にあるシステムである」。どういうことか。

生体を構成している分子は、物質として固定されているように見えるが、そうじゃない。絶えず高速で分解され、食物として摂取する分子と置き換えられていく。

身体のあらゆる組織や細胞の中身は、常に作り替えられ、更新され続けているのだ。

つまり私たちの身体は、いつも変わらずそこにあるものではない。分子的な実体としては、数ヶ月前の自分とまったく別物になっている。

私が私と思っている実体など、じつはどこにもない。あるのは分子の「流れ」だけ。せいぜい一時的に「淀み」ができるくらいは確認できて、それが生命の正体ということ。

こうした生命のありようを最初に提唱したのは、20世紀の生化学者シェーンハイマーだった。彼はこの生命の特異なありようを「動的な平衡」と呼んだ。

福岡はシェーンハイマーのこの生命観を、20世紀最大の科学的発見と位置付ける。

ここでさらなる疑問が湧く。なぜ私たちをはじめとする生命は、みずからの成分を絶えず入れ替え、作り替えるという面倒ごとをしているのか。

それこそが、この宇宙で生命体が「在（あ）り続ける」ための生存戦略なのだと、福岡は説明する。

宇宙をかたちづくる大前提には、エントロピー増大の法則というものがある。この宇宙ではすべてが秩序から乱雑さへと不可避的に進む。時が経てばどんなものも壊れるし、放っておけば何事もとっ散らかっていくのはそのせいだ。

自律的なシステムとして存在しようとする生命は、エントロピー増大の法則に抗（あらが）う方策として、時を先回りしてみずからを壊し、再構築し、動的平衡を生み出すことにした。

この自転車操業的なあり方が通用するあいだ、生命は維持される。それでも時を経るごとに、すこしずつ綻（ほころ）びは出てしまう。やがて秩序が保てない時がやってきて、個体は死を迎える。

ただ生命の側も、手は打ってある。ある個体が死を迎えるころには、生命は次の世代へバトンを渡している。世代交代という自転車操業を続けながら、生命は地球上に38億年にわたり連綿（れんめん）と存在してきたのだ。

研究者の日常から語り始めて、いつしか生命観を刷新（さっしん）させられる内容まで行き着く展開はスリリング。かけがえない自分の「生」をどう燃やすべきか、考える糸口として最適な1冊だ。

自分が何者なのか、どんな理屈でこの世に存在できているのか。それを知れば、あなたなりの生きる目的、学ぶ目的がわかるだろう。

『君たちはどう生きるか』吉野源三郎 岩波文庫

人間て、まあ、水の分子みたいなものだねえ。

編集者、児童文学者、ジャーナリストとして昭和初期に活躍した著者による1編は、タイトルの通り「君たちはどう生きるか」という大きな問いを物語の中に含んでいる。

中学生の本田潤一は、家によく遊びにくる叔父さんから「コペル君」とのニックネームを授かる。これは地動説を唱えた16世紀の天文学者コペルニクスにちなんだもの。潤一が自分の頭でものを考え、世界の見方を転換させる経験をしたからだ。

それは銀座のデパートメントストアの屋上へ出かけたときのこと。眼下に広がる無数の建物や活動する人々を見て、潤一は気づいた。この世には無数の人が生きていること、自分もそのうちのひとりであること、どんな人間も水の分子みたいなものだということに。

ここでコペル君は、自我を捨ててものごとを客観視することにみごと成功している。社会科学的な視点を持った、と言ってもいい。

叔父さんはコペル君に、これからも常に自分の体験から出発して、正直に考えてゆくようにと説いた。

コペル君は家庭ごとの貧富の差を目の当たりにしたり、級友を裏切ってしまい落ち込んだりしながらも、ひとつひとつの経験を糧(かて)にして「自分はどう生きるか」を模索していく。

漫画化され大ヒットしたことも記憶に新しいが、もとの作品は1937年に発表されたもの。日本が戦争へと突き進んでいた時期だ。そう考えると、この物語の意味合いがより

いっそうくっきりしてくるな。
書名にある「どう生きるか」との問いかけは、時代に抗(こう)して生死を賭(と)して、懸命に投げかけられたものなのだ。恵まれた時代に生まれた者として、問いをしっかり受け止め考えてみろ。

『論語』　金谷治（訳注）　岩波文庫

吾(わ)れ十有五(じゅうゆうご)にして学に志(こころざ)す。三十にして立つ。四十にして惑(まど)わず。五十にして天命(てんめい)を知る。六十にして耳順(みみした)がう。七十にして心の欲する所に従って、矩(のり)を踰(こ)えず。

前6～5世紀に生きた中国の思想家・孔子は本名を孔丘(こうきゅう)という。彼の言行録が『論語』だ。

道を説く士にして、ときに政治にも携わった孔子は立派な先生だったようだ。後進の信も篤(あつ)かった。孫弟子や曾孫弟子たちが、手元に残る断片記録を持ち寄って『論語』の原型を編集した。

会話の覚え書きなどからまとめたので、体系立ってはおらず断片的。しかしそれゆえ解釈の幅があり、時代や立場を超えて胸に刺さる言葉を拾い出せるはずだ。凡百(ぼんぴゃく)の啓蒙書を手に取るより、『論語』一本に絞って読み込んだほうがずっと効果的だろう。

名言の宝庫であることも間違いない。たとえば、
「子(し)の曰(のたま)わく、故(ふる)きを温(あたた)めて新しきを知る、以(もっ)て師(し)と為(な)るべし」（昔のことを研究すれば、今に通ずる新しい発見を得られるはず。そういうことができてこそ先生と呼ばれるにふさわしい）

そう、温故知新(おんこちしん)のことわざはここからきている。
「子の曰わく、朝(あした)に道を聞きては、夕べに死すとも可(か)なり」（朝に真

理に気づけば、その日のうちに死んでも思い残すことはない)
と、道理や真理を知ることこそ人生の目的であると説いたり、
「己れの欲せざる所は人に施すこと勿かれ」(自分が嫌なことは人にもしないことだ)
と、処世の態度も示してくれる。
『論語』全編の最後は、次の文章で締めくくられる。
「孔子の曰わく、命を知らざれば、以て君子たること無きなり。礼を知らざれば、以て立つこと無きなり。言を知らざれば、以て人を知ること無きなり」
使命を知らなければ立派な人にはなれない、「礼」の何たるかを知らねば自立した人間とはなれない、言葉の深淵を知らないかぎり人間を理解することはできない、と孔子は言ったというのだ。

その人物が死んでなお残るもの、それは言葉だけだ。言葉が何より強いのだ。相手の胸に残る、強い言葉を発するよう意識せよ。
孔子の言葉は格言とともに、弟子の心配をしたり、当時の政治のありようを嘆いてみたり。なかなか人間くさいところもあって、そこがまた語り継がれるべき魅力になっている。「学ぶことは生きること」と見定め、厳しくも愉しく研鑽に励んだ孔子とその弟子たちに対して、憧れの気持ちが湧いてくる。

学ぶ方法を学ぶための3冊

東大専門コースに入った早瀬と天野。ふたりの学力は、偏差値50台前半といったところだ。さあ、どうやって1年で東大合格レベルへ持っていくか？

ここで活用すべきは、スマホだ。スマホを中心に勉強して、東大に合格する！

いまは「スタディサプリ」など勉強アプリが充実していて、良質な授業をいつでもどこでも受けられるようになっている。これを使わない手はないだろう。

社会は激変しているんだ。時代に適応して生き抜くには、機能的・合理的に生きていかなくちゃいけない。学びの方法だって刻々と変わる。つねに時代と自分に合った方法論に考えを巡らせておく必要があるのだ。

『勉強の哲学』千葉雅也　文春文庫

勉強の目的とは、これまでとは違うバカになることなのです。

勉強とは何か。どう実践すればいいか。それは深遠な問いだ。

哲学者にして小説家でもある千葉雅也がひも解くところによれば、まず「人間は勉強する動物である」。なるほど、学ばなければ人間らしい活動のひとつもできないのだから、これは当然か。

では、誰しも知らず積み重ねている勉強というものの、特質や効用はどんなものか。

千葉いわく、勉強とはこれまでの自分の自己破壊をするものである。人は日頃、すでにそこにある環境にうまく調子を合わせて生きている。こういうときはこうするもんだ、こうしておけばやり過ごせる、といった「コード」に従って、半(なか)ば自動的にものごとを処理する。

そこに勉強を差し挟むと、別の考えが注入される。違う環境へ引っ越して、新たなノリに入ることができる。

これまでの自分を捨てて、変身して、次のフェーズへ進み、より自由になれる可能性が生まれるのだ。

つまり、これまでの環境の中でただぬくぬくしている「バカ」の段階から、新たな行為を始める「来たるべきバカ」になることへ自分を推し進める。それが勉強というものである。

勉強の進め方としては、

・基本は信頼できる文献を読む

・アウトプットのかたちを常に意識する

・「書くことで考える」行為を習慣化する

など、さまざまなコツを具体的に教えてくれる。

漠然(ばくぜん)と「勉強しなくちゃ」「学ばなくちゃ」と言っているだけでは

何も始まらない。勉強や学びの正体を知ることは、確実にやる気アップにつながる。

人はなぜ学ぶか、という問いにこれほど原理的にきちんと答える書物は、またとない。実用的な勉強メソッドにも目配りしてあって、即効性も高いぞ！

『二つの文化と科学革命』
C・P・スノー　松井巻之助（訳）　みすず書房

人びとの知的生活はますます二つの極端なグループに分れつつある。

文系か理系か、それが問題だ。

そう大騒ぎするのが、高校生あたりになったときの通過儀礼なのは、昔も今も変わらない。あたかも生涯を左右する運命の分かれ道であるかのように。

それほどの大問題なのか疑問はあるが、ともあれ文理の別ということについて世で最も深く掘り下げて論じてあるのが、20世紀英国を代表する知性、C・P・スノーによる本書だ。

科学者にして官僚経験もあり、評判をとった小説をいくつも書き、世のあらゆる事象を語る評論家でもあるというマルチな人物。彼は1959年、ケンブリッジ大学で開かれる、年に１度の公式行事「リード講演」のスピーカーとなった。

そこでなされた伝説的な講演が「二つの文化と科学革命」。その全編と後日の考察を収録してある。

講演が歴史に残るものになったのは、現代人が直面する課題を正確かつ簡潔に取り上げ、目に見えるかたちで提示したからだ。ここでいう「二つの文化」とは、文系と理系のこと。両者の溝を埋めるのが喫緊の課題であると、スノーは強く主張した。

スノーいわく、文学的知識人と科学者のあいだには、無理解の大きな溝が広がっている。

文学的知識人から見ると科学者は、生きるうえで大切な「人間の条件」に気づきもしない、浅はかな楽天主義者だと映る。

科学者からすれば文学的知識人は、先見の明を欠き、同胞に無関心で、根本的なところで「反知性」的に思える。

両者には、共通言語すら見出せないかに見える。文学的知識人に「熱力学の第二法則について説明せよ」と言ってもできない。こんなのは科学の基礎的素養であるというのに。いっぽうで科学者に「あなたはシェークスピアのものを何か読んだことがあるか」と問うても、ひとつも読んだことはないと答える。文学における古典中の古典であるというのに。

教育の専門化が進んで、文化がすっかり分離してしまったのだ。生きた文化を目指すには、これを再び融合させなければならない。２つの文化間のギャップをなくしてこそ、知恵をベースにものごとを考えていく、知的でバランスのいい社会を築いていけるというのがスノーの主張だった。

なるほどこの20世紀に唱えられた問題意識は、もちろん21世紀になった現在も変わらず重要だ。学生の身に置き換えれば、文系か？　理系か？　と進路を決めていくのは必要だが、受験に関係ないからといって専門以外の教科や知識をないがしろにしてはいけない。

視野が狭いと、専門分野においても結局は成果が上がらない。文理に囚われない広い教養が必須なのだ。

世にはたしかに「文」「理」２種の知の体系がある。が、この両者が分離しているかぎり「生きた文化」は生み出せない。社会的にも、ひとりの人間の中においても、文理を融合した教養を持たねば進歩はあり得ないのだ。
スノーの主張に耳を傾ければ、学問の体系がどう成り立っているかもよく理解できる。闘いの基本は敵を知ることから。学問を制そうと思うなら、まずはその全体像を正確に把握しろ。

『方法序説』デカルト　谷川多佳子（訳）　岩波文庫

私は考える、それ故（ゆえ）に私は有る。

理性や論理、秩序によって世の中を構成し、動かしていこう。これが現在の世の中の基本的な了解事項だ。

そうした近現代社会の礎（いしずえ）となる考えをもたらしたのが、17世紀に著された『方法序説』。思想家・科学者（この２つの立場はかつて、たいていひとつの人格に同居していた）のデカルトは同書で、考える「方法」を体系化した。

書物の本来の名称が『かれの理性を正しく導き、もろもろの学問において真理を求めるための方法の序説、なおこの方法の試みなる屈折光学、気象学および幾何学』となっている通り、ここでデカルトは、未知の事柄に直面したとき、真理へたどり着くために、誰でもいつでも使える道理や考え方を打ち立てんと試みている。

デカルトは言う。考えを進めるために使う道具は、理性であると。理性は誰もが持っており、これを活用することで、誰もが同じ世界認識に行き着けるはずだからだ。

理性に従い、必ず守ると決心できるなら、学問の方法は次の4つで十分だ。
「第一は、明証的に真であると認めることなしには、いかなる事をも真であるとして受けとらぬこと」
すなわち、速断と偏見を避けて、明晰に心に現れたもの以外、判断材料にしてはいけない。
「第二は、私の研究しようとする問題のおのおのを、できうるかぎり多くの、そうして、それらのものをよりよく解決するために求められるかぎり細かな、小部分に分割すること」
問題はできるかぎり小分けに分割して考えるのである。
「第三は、私の思索を順序に従ってみちびくこと」
簡単なものから始めて、複雑なものへと順を追って考えなければいけない。
そして第四は、
「どの部分についても完全な枚挙を、全般にわたって余すところなき再検査を、あらゆる場合に行うこと」
すべてを数え上げているか、抜け落ちはないかと常にチェックするのも欠かせない。
これらのルールに従ってものごとを考えていくべきだが、もうひとつ根本的な問題として、推論をどこから始めるかということが浮かび上がってくる。
それについてデカルトは、いったんすべてを疑ってみることとした。突き詰めて考えていくと、自分の感覚、思考、夢などはすぐに変化してしまって確実性がなく、ものごとの基準にならないとわかった。
ただし、だ。そのようなことを考え、あらゆるものを疑っている自分がいることは、どうやらたしかだ。何かを考えている自分という存在があることだけは、どうにも疑い得ない。そこで、

「私は考える、それ故に私は有る」

という真理、これを哲学の第一原理として受け入れようと思い至るのだった。

学問の立脚点に「考える私」を据えたところから、近代思想・科学が生まれたのだ！　学ぶこと、考えることからすべてが始まると再確認せよ！

この書が自叙伝（じじょでん）のかたちをとっているのも、いかにも「私」という個人をすべての基点とする西洋近代主義の産物らしさにあふれている。

言葉を武器にするための3冊

早瀬と天野へのレクチャーは続く。

「お前らは、新しい時代の学びのかたちを身につけて、受験を勝ち抜いていけ！

これからは言葉の使い方も変えるぞ。二度と『頑張る』とは言わないようにしろ！」

頑張らない、これが東大合格のための第一歩なのだ。

どういうことか。頑張るとは、精神的興奮で課題克服を図ろうとする、勢いだけの感嘆符(かんたんふ)でしかない。

こんな具体性も合理性もない言葉に頼って、成果を上げようとするなんて愚かだ。

これからは「頑張る」は使わない。

目的と手段を明確にするんだ。

「よし頑張るぞ！」じゃなくて、たとえば「東大に合格するためにス

タディサプリで勉強するぞ！」だ。

こうして言葉にするだけで、モチベーションは格段に上がる。

かように「言葉」は重要だ。言葉の持つ力を次の本からしっかり学ぼう。

『具体と抽象』細谷功　dZERO

人間が頭を使って考える行為は、実はほとんどが何らかの形で「具体と抽象の往復」をしていることになります。

言語を上手に運用し、よりよく思考できるようになるためには、「具体」と「抽象」という相反する概念を、うまく使えるようになるのが近道だ。ビジネスコンサルタントの著者はそう説く。

目の前にあるモノや状況をそのまま把捉すれば、具体的なことを言ったり書いたりすることは一応できる。しかしそれだけでは、人の思考は膨らんでいかない。なぜなら、人間の知性のほとんどは抽象化によってなされているからだ。

思考を具体に留めていると、幼児のような話し方しかできなくなる。電話で祖母に「今日はなにしていたの？」と問われて、「アイちゃんとアンパンマン見てた！」と答えるようなこと。

抽象思考を使えるようになればこそ、「友達とテレビを観て遊んでたの」と、人に伝えるべき情報を的確に伝えられるようになる。

抽象をうまく使うと、いくつもの具体をまとめて共通の特徴を抽出したり、具体同士の関係性を明らかにしたりもできる。それによって、ものごとに対する理解が進んで、深い思考が可能になっていくのだ。

勉強だろうが仕事だろうが、何かをしようとするときは具体から抽象、そしてまた具体へ、さらには抽象へと、思考を往還（おうかん）させていってこそ成り立つものだ。
今、自分は具体的に思考しているのか、抽象的に思考しているのか、常に意識すること。よりよく学び、考え、成果を出すためのカギはそこにある！

『日本文化私観』坂口安吾　講談社文芸文庫

我々に大切なのは「生活の必要」だけで、古代文化が全滅しても、生活は亡びず、生活自体が亡びない限り、我々の独自性は健康なのである。

戦後の日本文学界で「無頼派」として名を馳（は）せた小説家が、戦中に著した随筆。自分は日本の伝統文化に詳しくないが……、と前置きしつつ、それによって生活が貧困になっているとは思わないとする。

そもそも、古くからおこなわれていることが、無条件に本来の生活文化を表しているとはかぎらないではないか。

「キモノとは何ぞや？　洋服との交流が千年ばかり遅かっただけだ」

日本人の体格の特徴がキモノを生み出したとはかぎらないし、キモノが日本文化で最も美しいわけではないのだから、これを着なくなったって何ら問題はないと安吾は言う。

大切なのは伝統や貫禄（かんろく）ではなく、実質だ。生活の必要だ。人々の暮らしが滅びなければ、日本人の独自性はちゃんと守られる。

「法隆寺（ほうりゅうじ）も平等院（びょうどういん）も焼けてしまって一向に困らぬ。必要ならば、法隆寺をとりこわして停車場をつくるがいい。我が民族の光輝（こうき）ある文化や伝統は、そのことによって決して亡びはしないのである」

必要なものを欲し、必要に基づいて行動する「真の生活」があれば、そこに真の美も生まれてくる。そう安吾は高らかに宣言する。

極端な見解かもしれない。しかしここには、何にも囚(とら)われず徹底して自分で考える精神がある。厳しく自己省察に徹するところから、独自の思想は紡(つむ)がれていくのだ。

さらに安吾は、自身の仕事たる文学に引き付けて、「必要」に徹する姿勢を説く。

「美しく見せるための一行があってもならぬ。美は、特に美を意識して成された所からは生れてこない。どうしても書かねばならぬこと、書く必要のあること、ただ、そのやむべからざる必要にのみ応じて、書きつくされなければならぬ」

開国以来アイデンティティを見失い続けてきた日本社会への力強い提案を読み取るとともに、自分の言葉を紡ぎ、オリジナルな考えを構築することの重みと価値を知れ。

どこかからの借り物ではない「ニッポンの私」を見出し、構築しようという強い意志に貫かれた1編だ。ものごとに対する評価軸を「必要」の2文字に絞り、その言葉の重要性を徹底的に論じる。それによって、異様なまでの説得力が生じている。
多少強引でも「一点突破」を目指す方法は、文章力強化にもプレゼン力強化にも有効だ。

『弁論術』アリストテレス　戸塚七郎（訳）岩波文庫

弁論術（べんろんじゅつ）とは、どんな問題でもそのそれぞれについて可能な説得の方法を見つけ出す能力である、としよう。

言葉を最大の伝達手段とする人間にとって、言語をうまく用いて相手を説得する術は、何より重要な能力だ。

ギリシャ時代を生きた学問の祖アリストテレスは、生きるための基本技術として、『弁論術』をまとめた。

アリストテレスは言う。弁論術とは、説得の方法を見つけ出す能力であると。説得の方法には、「論者の人柄による説得」「聴き手の感情に訴えることによる説得」「言論そのものによる説得」の3つがあり、それぞれを活用して相手を説き伏せるべしと。

弁論を展開するうえでは、言葉を正しく厳密に定義する必要も生じる。アリストテレスは「よいもの」「美しいもの」「快楽」など重要な語句を次々と定義していく。これがいちいちなるほどと深く納得させられる。たとえば「幸福」は次のようなものだと定義される。

・徳を伴（ともな）ったよき生
・生活が自足的であること
・安定性のある最も快適な生
・財産が豊かで身体も恵まれた状態にあり、それらを維持し、働かせる能力があること

時代を超えて人が思い浮かべる概念について、紀元前には早くも、これほどまでに明晰（めいせき）な言葉が与えられていたのだ。

原理的な話とともに、アリストテレスは弁論における表現技法についても詳述する。生彩のない表現になってしまうのは修飾語を長ったらしくゴテゴテと並べ立てたりするからだ、などと具体的にドシドシ

指摘してくれる。

弁論の結びの構成の注意点も、極めて実践的だ。

「弁論の結びとしては、接続詞のない文体が似つかわしい。例えば、『私は語り終えた。諸君はしかと聞いた。事実は諸君の手中にある。さあ、判定に入り給(たま)え』というように」

確かな技術は何千年経とうとも、古びることなどない。現代においてもそのまま「弁論の術」のスタンダードとして使える教えばかりだ。

言葉を使うことこそ、人間を人間たらしめている最大の特長のひとつ。
その運用技術を磨くことを疎(おろそ)かにして、人間的な成長などあるはずがないんだ！

自分を知るための3冊

天野と早瀬、男女ひとりずつの生徒がみずから門を叩(たた)いてきた。これでいよいよ東大専門コース、略称「東大専科」がスタートすることになる。

ふたりには特設の教室に通って、特別なカリキュラムに取り組んでもらう。まず初日のメニューは、「センター試験」の受験だ。センター試験の過去問に、実際の受験とまったく同じタイムスケジュールで挑むのだ。

いきなり「本物の試験」に取り組んでみろと言われたふたりは、「そんなの自分にはできっこない……」と尻込みする。

だからオレは言った。

「できるできないなんて、どうでもいいんだ。自分の学力の現状をしっかり把握する、それが何より肝要なのだ」と。

今の自分の力がどの程度か、何が足りていて何が足りないのか。実

力を客観的に数値化して把握すること。それなくして東大合格はない。
東大合格の秘訣の第一条は、「己を知る」ことだ！
これは学力にかぎった話じゃない。自分を知ることは、何かを成そうとするときのきわめて重要な第一歩なんだ。
どうすれば「己をよく知る」ことができるのか？　次の３冊にそのヒントがある。

『私とは何か』平野啓一郎　講談社現代新書

一人の人間は、「分けられない individual（インディヴィデュアル）」存在ではなく、複数に「分けられる dividual（ディヴィデュアル）」存在である。

およそ人が何かを考えるとき、どうしても拠（よ）りどころとせざるを得ない最も根元的なものは、「意識を持ったこの私」という存在だ。
ではその「私」の、最小の構成要素は何か？　人間の根元のかたちを定義し直すという野心的な試みに、現代日本を代表する小説家が挑んだのが本書。
人という存在の最小単位は、ふつうならば「個人」だと考えられる。だがその個人という単位は、現代においてはすでに大雑把（おおざっぱ）過ぎるものとなってしまった。
というのも、ちょっと考えてみれば気づくことではないか。私たちの日常生活では実際のところ、対人関係ごとに複数の自分がいて、それらを器用に使い分けているはずだ。
たとえば家族水入らずでくつろいでいるときの自分と、会社で仕事をしているときの自分では、顔つきから話しっぷり、思考のしかたに至るまで、まったく違ってくる。
いろんな自分を、相手や場面ごとに出したり引っ込めたりして、うまくやりくりする。それが現代人のごくふつうの生活のしかただろう。
　つまり人というのは、もうこれ以上分けられない統一したひとつの個人＝individual（インディヴィジュアル）としてあるのではない。相手や居場所によって現れるいくつもの分人＝dividual（ディヴィジュアル）のネットワークであるというのが正体なのだ。
　その人らしさ（個性）というものだってじつは、自分が持っている複数の分人の構成比率によって決定されているのである。
　みずから打ち立てたこの「分人主義」という考えを平野啓一郎は、『ドーン』をはじめとするさまざまな小説作品で展開している。

「本当の自分」なんて、幻想でしかない。よって、過度に「自分探し」をしたり、個性を追い求めたりする必要なんてないのだ。
学校や職場、自分の属するコミュニティで、どうにも反りが合わない人がいたって、さほど気にすることもない。その相手に対する分人化がたまたまうまくいかなかっただけ……。そう考えておけばいい。分人主義の考えで臨（のぞ）めば、対人関係のストレスは激減する。

『ゴドーを待ちながら』サミュエル・ベケット
安堂信也＆高橋康也（訳）　白水Uブックス

エストラゴン　これから、どうする？
ヴラジーミル　ゴドーを待つのさ。
エストラゴン　ああそうか。

　20世紀を代表する作家サミュエル・ベケットが著し、1953年に初演を迎えたのがこの不条理演劇だった。

舞台設定は、荒涼とした大地に延びる田舎道。目につくのは１本の樹木だけ。そこにボロをまとったふたりの人物がいる。エストラゴンとヴラジーミルだ。

ふたりは何をするでもない。ただ、待っている。何を？　ゴドーと呼ばれる人物の到来を。どこにも行き着かない言葉を交わし、話が尽きて、沈黙が下りる。そうして、

エストラゴン　さあ、もう行こう。
ヴラジーミル　だめだよ。
エストラゴン　なぜさ？
ヴラジーミル　ゴドーを待つんだ。
エストラゴン　ああそうか。

という掛け合いが、幾度も反復される。

訳が分からぬと途方に暮れる必要はない。すこし抽象度を上げて眺めてみれば、人間の営みなんてたいていは、エストラゴンとヴラジーミルのようなものばかりだ。

言動に大した理由もなければ、万人を納得させられるような目的もない。

そう悟ったとき、あなたならどうする？

生きるのをあきらめてしまうのか。それとも何かにすがるようにして生きていくのか。今作は読む者・観る者になかなか厳しい問いを突きつけてくる。

人は、何のために存在しているのか。自分は何をするためにこの世に生を受けたのか。ただ何か死のようなものを待つだけなのか？　他にできることはないのだろうか？

人とは、己とは、在(あ)るということそのものとは。ページを開いているあいだ、とことん深い思考にいざなわれてしまうのは間違いない。

現代演劇最大の傑作にして問題作とされるのがこの１本。表現の極北に触れて、そこから何を感じ取れるか、自分の感性を試すのにもってこいだ。
「戦争の世紀」と呼ばれた20世紀という時代の、行き詰まった、張り詰めた空気が体感できる。そういうギリギリの精神状態で考えてこそ、己の正体が見えてくるはずだ。

『神曲』ダンテ　平川祐弘（訳）　河出文庫

おお、見れば頭に三つ顔がある なんという恐ろしさだ

この一千年で最も価値ある書物はこれ！　そんな称号を与えられることもしばしばある、欧州文学における古典中の古典だ。

地獄篇、煉獄(れんごく)篇、天国篇の３部からなる長編叙事詩(じょじし)のかたちをとる。３という数字にこだわった緻密な構成が、全編にわたって守られているのも大きな特質。読み進めるうち、壮麗(そうれい)な教会建築を隅から隅まで歩き回っているような感覚に浸れるだろう。

物語は、著者のダンテ本人が、森の中に迷い込んでしまうところから始まる。そこで出会うのは、ローマ時代の高名な詩人ウェルギリウス。彼を案内役に立てて、ダンテは冥界(めいかい)巡りを経験していく。

地獄と煉獄でダンテが目にするのは、ありとあらゆるかたちで罰を受ける亡者たちの姿。怖ろしい光景の数々は、人の想像力がどこまで

及ぶかという限界を試しているかのようでもある。

幾多（いくた）の驚くべき場所を通り抜け、ダンテは最愛の人ベアトリーチェに導かれて天国へ向かう。まばゆい光に包まれながら、神の恩寵（おんちょう）に触れる体験をするのであった。

ダンテはその目で、世界のあらゆるものを見尽くした。地獄、煉獄、天国のそれぞれの様子は、ここで徹底して具象的に描き出される。西洋の「見る文化」としての伝統の厚みを強く感じさせる。

本書が聖書と並び絵画、彫刻、文学、音楽……、あらゆる芸術のイメージの源泉となっているのも頷（うなず）けるところである。

自分と世界を見つめ、その意味を発見していく遍歴譚（へんれきたん）は、読んでおもしろく、受け取る情報量も膨大（ぼうだい）で、人の持つあらゆる感情を疑似体験できてしまう。
史上最大規模のスケールで展開する物語に身を委ねる体験、一度はしておきたいところだ。読めば、己の想像力の限界値も一段高まるだろう。

メンタルコントロールのための3冊

早瀬と天野はいざ、過去のセンター試験問題を解いてみることに。
しかし、実力の足りないふたりがすんなりうまくいくはずもない。
天野はパニックに陥り、いつもならできるはずの問題すらできなくなってしまう。
早瀬は「わからないものはわからない」と半(なか)ば投げやりで、解答欄を適当に埋めようとする始末。
試験後はふたりともショックを受けていた。だが、そんなことは織り込み済みだ。オレはそれぞれに対して手を打っておいた。
早瀬は、「どうせ私なんか。やっぱり東大、やめようかな」と言い出すに決まっている。そこで自分の恵まれた境遇を再確認させた。
彼女は健康で、家族は円満、家の商売も繁盛している。生まれつき持っているものを活かして「運に乗れ！」と言って、前を向かせたのだ。

天野の欠点は、メンタルだ。本番で実力を発揮できない精神面の脆(もろ)さがある。

だが、芯(しん)は図太いヤツだというのも見ていればわかる。成功も失敗も呑み込んで、次をどうするか考える心構えをつくってやる必要があった。

そこで教えてやったのはズバリ、笑うことだ。

失敗したときは笑え。笑って済ませて、さっさと次へ行く。この行動を徹底させるのが、天野には最良の処方箋(しょほうせん)なのだ。

自分の感情に目を凝らし、メンタルをコントロールするのに役立つ3冊を挙げておこう。

『手の倫理』伊藤亜紗　講談社選書メチエ

人が人の体にさわる／ふれるとき、そこにはどのような緊張や信頼、あるいは交渉や譲歩が交わされているのか。

主に手を介して得られる「触覚」という感覚について、1冊を通して考察が深められていく。

日本語は、触覚に関して2つの動詞を持っている。「さわる」と「ふれる」だ。両者は似ているようでいて、大いに違う。

「さわる」は一方的、かつ、対象をモノ的に扱う手つき。「ふれる」のほうは相互的で、対象との人間的つながりを感じさせる手つきとなる。

いずれにせよ私たちは、接触面のほんのわずかな力加減、波打ち、リズムなどの内に、相手の自分に対する「態度」をいかに繊細に読み取っていることか。触覚に目を向けてみると、すぐにそうした仕組みに気づくのである。

とはいえ触覚は、五感のうちでかなり劣った感覚として認識されてきた。五感で最上位にあるのは、言わずもがな視覚だ。人は認知のかなりの部分を視覚に頼っているし、視覚は対象と直接に触れるわけではなく距離があり、それゆえ精神的な感覚と考えられるからだ。

しかし、対象との「距離ゼロ」な触覚は、直接的ゆえに、対象の内部に流れる意思や衝動を感じ取る力をも発揮する。触覚は手間がかかるものの、深みのある関係を築くきっかけになるのだ。

触覚を活かすためには、ふれる人とふれられる人双方の信頼が必要となる。いったんうまく関係が築かれさえすれば、ふれあうことによって、相手に何かを預けることによってこちらも何かを得るという共鳴的な関係が生成されていくだろう。

人が人であるかぎり、身体感覚を放り出すわけにはいかないはずだ。今の時代、テクノロジーによってヴァーチャルな空間や関係がどんどん増えているし、距離をとることが推奨されるご時世でもある。
そんな中にあって、手の感覚を呼び覚まし、そこに頼ってみる意識を、いっそう強く抱いておくべきだ。触覚をよく知れば、それだけ自分の感情も深みを増し、メンタルコントロールも利くようになる。

『笑い』ベルクソン　林達夫（訳）岩波文庫

個々別々に見ればいずれもおかしくない弁士の身振りも、それが繰返されるとおかしくなる。

『時間と自由』『物質と記憶』などで知られるフランスの著名思想家による1冊ではあるが、本書なら哲学的前提知識がなくても、筋を追って「笑い」についての考察を深めることができる。

ベルクソンによれば笑いとは、人の「生」と深く関連する。自分の人生にのめり込み過ぎず、傍観する立場でありつつ、完全な孤独ではなく他人との接触がきちんと維持されているときに、笑いは生じるものであるという。

また、日常の中に機械的な硬さが入り込んでいたりすると、笑いは起こるともいう。つまりは通常の基準から逸脱して、日常の中にズレが生じると、そこにおかしみができるということだ。

ベルクソンは喜劇のシーンなどを例に引きつつ、説明を進めていく。人を日常性から解き放ち、気づいていなかったことに気づかせてくれるという意味で、笑いと芸術が似通っていることも指摘する。うまく操るには想像力を用いるのがコツという点も共通しているという。

理屈が少々難解になりそうなところでも、それをいい文章で表現しようとする意志がベルクソンにはある。たとえば、

「時として、遁(に)げ行く波頭が、浜辺の砂の上にその泡の少量を置き去りにしてゆく。その辺に遊んでいる子供が来て、それを一握り掬(すく)って見て、直(す)ぐ後にはもうその掌(てのひら)の中に水の数滴、しかもそれを持って来た波の水よりもずっと鹹(から)い、まだずっと苦い数滴しか残らないのにびっくりする。笑いはこの泡のように生まれるのだ。それは社会生活の外面において、軽い謀叛(むほん)であることを告知する」

といった説明のしかたに、美しい表現への志向が見える。彼はここで、真実と美を同時に実現させようとしているのだ。

哲学によって生命の躍動を表そうとした営みが、ここに確かにある。本書で笑いの正体を知れ。それが自分の感情を知り、メンタルを操る第一歩となるはずだ。

『風土』和辻哲郎　岩波文庫

それはしめやかな激情、戦闘的な恬淡（てんたん）である。これが日本の国民的性格にほかならない。

日本文化の特質を捉（とら）えようとした文化論は数多く書かれてきたが、1931年に刊行されたこの書はそれらのひとつの源流としてある。

人の存在が何に規定されているかといえば、まずもって風土である。風土とは気候、地質、景観などの総称をいう。

人間を風土をもとに類型別にすると、ひとつにはモンスーンがある。豊かな自然が食物をもたらすが、自然の暴威には抵抗し難い。それで人間の型としては受容的・忍従（にんじゅう）的になる。

続いて沙漠の風土。乾燥しており自然は荒々しい。そこでは人は団結し、他者や自然と厳しく闘う。

３つめにはヨーロッパの牧場型風土がある。夏の乾燥と冬の雨期という季節を持ち、気候に極端なところがないので、自然は人に従順で合理的なものとして働く。自然から規則を見出しやすいことから、そこでは合理的精神が発達した。

日本が属するモンスーンには種々のタイプがある。インドは常夏（とこなつ）で生気旺盛（おうせい）だが、あまりに自然の威力が強いので、人は受容性が強くなる。感情は横溢（おういつ）しやすいが、思想面でも造形面でも「構造」を意識することにはつながらず、ものごとが積み上がっていかないきらいはある。

中国は、あまりに単調で空漠（くうばく）な自然に覆われている。これに耐えるため、強い気持ちで意志を持続させること、その際に感情のスイッチをオフにすることができるようになった。伝統に固執し、歴史感覚が旺盛という国民性が生まれた。

さて日本はといえば、モンスーンの一部ゆえ、基本的には受容的で忍従的だ。加えて台風や大雪などがあり、人々は頻繁に自然に脅(おびや)かされる。それで活発な行動を見せて変化に敏感であると同時に、すぐものごとに飽きたり疲れてしまったりして、持久性にやや欠ける性質ができあがった。

しめやかでありつつ激動的な国民性は、このあたりから定まってきたのである。

全世界を風土から読み解く壮大な構想を持つ本書は、どこまで厳密な科学とみなせるか難しい面もある。それでも、ひとりの人間の実感から導き出される論には、力強さと説得力が満ちている。本書の中で示される風土の読み解きは、人の思考や感情を読み取る方法としてそのまま利用できる。
日本人のメンタルの「型」を知れば、自分をよりよくコントロールする術につながっていくはずだ。

最先端テクノロジーの現在地を知るための3冊

過去のセンター試験を解いてみて、現時点での自分はボロボロだということが、ふたりともよく認識できたようだ。

問題は、ここからどうするかだ。心配はいらない。目標と自分の立ち位置が明確になれば、おのずとやるべきことは決まってくる。ギャップを埋める方策を、着実に進めていけばいい。

ふたりに足りていないのは何か。基礎力だ！　それに尽きる。

各教科の理解できていないところを、まずは学習アプリのスタディサプリで徹底的に復習していくぞ。

英語などはとくに、英語そのものを読み、書き、そして聴く機会を増大させる。そうして英語自体に慣れることが大切だ。

そこは、いまのテクノロジーを大いに活用する。スタディサプリのような学習アプリはもちろんのこと、Twitter や YouTube への投稿を毎日英語ですることを、天野と早瀬には課した。

時代に合わせた勉強法を実践することは、受験においても、またどんな仕事を成功させるうえでも、避けては通れない。

テクノロジーの現在地をしっかり理解するための3冊を、ここに紹介しておく。

『人工知能のアーキテクトたち』
マーティン・フォード
松尾豊&水原文(訳) オライリー・ジャパン

AIはスライスした食パン以降では最高の発明です。私たちは全面的にAIを受け入れ、そうすることによって人間の脳の秘密を解き明かすべきです。

(起業家ブライアン・ジョンソン)

AI=人工知能は、あっという間にSFの世界から日常・現実へと移行してきた。もはやAIを抜きにした生活や未来予測など、ありえないところまで進化している。

人工知能という領域を、そのもたらす利益と危険性も含めて浮き彫りにせんと、世界中の著名AI研究者、起業家らにひとりのジャーナリストが会いに行き、技術の現状やこれから起こり得るイノベーションについて徹底的に話し合った記録がこれだ。対話の話題は多岐にわたるが、共通の質問も大きく分けて3つしている。

1つは、AIやロボット工学が労働市場や経済にどんな影響を与えるか、というもの。これにはマッキンゼー・グローバル・インスティテュート会長のジェイムズ・マニカが明快に答えている。これから新しい産業革命が始まるのは間違いない。その中で失われる職もあり、生まれる職もあるし、職の転換という現象も起こる。変化に対応する必要は生じるだろうという。

2つめの共通質問は、誰もが使うようになる汎用人工知能（AGI）への道のりはどんなものかという点。これに対しては、グーグルのレイ・カーツワイル博士が、医療用ナノロボットを血流に乗せて脳内に送り込み、神経系の中から仮想現実や拡張現実を提供できるようになるのではないかと見通しを示している。

3つめの共通質問は、人工知能の発展がもたらすリスクについて。オックスフォード大学のニック・ボストロム教授は、AGIが人の希望とは違う目的をひたすら遂行しようとする恐れのあることを指摘する。

いずれの論者も率直に人工知能のありようと可能性を語っている。議論は多様で、まだまだこの技術分野が固まりきっておらず、揺れ動きながら進展している最中であることをよく指し示している。

最前線にいる賢人から「AIの今」を学び、自身の進路や仕事のヒントになる言葉を得る格好の機会だ。多くの言説が教えてくれるのは、「正しくリスクを恐れよ、そして何より楽しめ」という、新しい事態への対処法だ。

『ケンブリッジ・クインテット』
ジョン・L・キャスティ　藤原正彦＆藤原美子（訳）　新潮社

「実にくだらん」とヴィトゲンシュタインが叫んだ。「たとえそれがコンピュータであろうと蒸気機関車であろうと、機械のようなものに『考える』などという言葉をあてはめるのは愚にもつかぬことだ」

1949年のこと。ケンブリッジ大学クライスト・コレッジでディナーが開かれた。

主宰は英国きっての知の巨人、C・P・スノー。

第2次世界大戦後の時世、コンピュータの威力を思い知った英国国防省がその可能性の検討・リサーチをスノーに打診した。答申を書くこととなったスノーは最高の知性を一堂に集め、コンピュータの潜在能力について議論してもらおうと目論んだ。

ディナーの席に着いたのはスノーのほか、量子力学の先駆者シュレーディンガー、20世紀の哲学を切り拓いたヴィトゲンシュタイン、遺伝学者のホールディン、コンピュータの創始者とされる数学者チューリング。

ディナーが進むにつれ、このメンバーによる討論は熱を帯びていく……のだけれど、これはフィクションであって、この5人がケンブリッジで議論を闘わせたという史実はない。

科学研究者である著者が仕掛けた、壮大な思考実験というわけだ。しかし哲学、心理学、数学、物理学、生物学その他、あらゆる学問領域を横断しながら進む議論はすこぶる興味深い。

議題は「考える機械は可能か」ということになる。人間のように考える機械をチューリングらが構想しているというので、その実現可能性を話し合うことにしたのである。

一定のルールに従って計算する機械を製作中だとチューリングが言えば、

「機械のようなものに『考える』などという言葉をあてはめるのは愚にもつかぬ」

とヴィトゲンシュタインは返すのだった。

いくら複雑な計算はできても意味を理解してはいないに決まっている、意味というものは言語ゲームに参加することからしか生じないと

し、
「人間のあらゆる思考はその言語表現と密接に結びついています。言語のないところに思考などありえません」
と断言する。
チューリングは、
「人間の脳の構造に何ら特別なものはないと信じています」
と人の特権性を認めず、
「科学技術が大いに進歩すれば、いつの日か知的に人間と区別できないようなコンピュータが作れる」
とも。両者譲らぬままに夜は更けていくのであった。

人工知能に関する思想的原点が一読で理解できるとともに、「知」や「教養」を使うとこんなスリリングな議論をできるのだということが示される。そのこと自体に憧れ（あこがれ）を掻き（か）立てられるではないか！

『ゲーデル、エッシャー、バッハ　あるいは不思議の環』ダグラス・R・ホフスタッター
野崎昭弘＆はやしはじめ＆柳瀬尚紀（訳）　白揚社

私は、ゲーデル、エッシャー、バッハという三本の糸から永遠の黄金の編み紐（ひも）を編もうとした。

1979年に米国で刊行されるや、すぐ世界的に広まった科学読み物である。
20世紀の論理学者ゲーデルの思想解説をベースにしながら、そこ

にジャンルを超えた「知」を絡めて話が進む。不思議な絵柄を描くことで知られる画家エッシャーや、かの音楽家J・S・バッハの作品の意味、生涯の軌跡がまとめて知れるのは興味深い。

さらには、芸術や学術はさまざまなかたちで互いに結びつくことで、新しい考えが生み出されていくのだとはっきり示してくれる。どのページにも知的な驚きが満ちている。

ゲーデルといえば、不完全性定理を唱えたことで知られる。数学理論の中にはどうしても決定不能な命題が存在することを明らかにしたのだ。世界に不完全性をもたらす構造について、著者ホフスタッターは「不思議の環」と呼び、そうした例は他の領域にも認められるとした。

それはエッシャーの絵画《プリント・ギャラリー》、バッハのカノン《音楽の捧げもの》などにわかりやすく現れている。

数学、アート、音楽の話題に留まらず、ホフスタッターの記述は人工知能やパラドクスの論理にいたるまで縦横に伸びていく。彼が明らかにしようとしていることの核は、それ自体は形式的にできている「システム」というものが、どのように意味や美を獲得していくかという問題である。

挑むテーマは深遠なれど、語り口はユーモアにあふれているし、随所に言葉遊びが飛び出して、ページを繰る手が止まらなくなる。

構成としては、さまざまなかたちのテキストが折り重なる形式をとっており、対話篇のパートではアキレスと亀と蟹がとぼけた味わいの、それでいて本質的な内容を含んだ掛け合いを見せる。これほど随所にたくらみが詰まった本もまたとない。

知的好奇心を持って世界を眺めるだけで、これほどまでにいろんなことに気づいたり知れたりできるのかと、驚くこと請け合いだ。
知的に考えを進めていくことの、究極のお手本として使うのがいい。とくに粘り強く思考を進めていくやり方を、大いに見習おう。
ゲーデル、エッシャー、バッハという名がなぜ最先端テクノロジーとつながるのかって？　彼らの遺した思考と作品が、現在の技術の土台になっているからだ！

「心のありか」を知る ための3冊

時代が変われば受験勉強のやり方だって当然変わる。今はテクノロジーを取り入れるのが必須だ。

そこで我が龍山高校東大専門コースの天野と早瀬には、最先端のツールとメソッドを授けることにした。

ごく平均的な学力しかないふたりは、まずは徹底的に足場を固める必要がある。

そのときに使わせたのが、受験マトリックス、付箋、スマホという「成績アップの３種の神器」だ。

それらをどう使うのか。まず、模試や試験を受けるたび、解答したすべての問題について、どの単元からの出題だったかを付箋に書き出していく。次に、縦軸に「得意」「苦手」、横軸に「できた」「できなかった」という枠をとった「受験マトリックス」用紙を準備する。

これで「得意・できた」「得意・できなかった」「苦手・できた」「苦

手・できなかった」という4つのカテゴリーができる。そこにさきほど用意した付箋を、当てはまる部分にどんどん貼っていくのだ。

マトリックスを埋めたら、スマホで撮影する。その画像が、現在の自分の嘘偽(うそいつわ)りない学力だ。何が得意で、どれが苦手なのか。できないことは何で、どこまでだったらできるのか。正確に把握してこそ、対策を打っていける。

洗い出された「できない」分野は、「スタディサプリ」などの学習アプリで効率よく学び直せ。理解し解けるようになったら、付箋の位置を移動させる。すべてが「得意・できた」の欄に貼れるようになったころ、彼らの学力は飛躍的に伸びているはずだ。

ここで大事なのは、自分の現在地をしっかり見据えることだ。勇気を出して自分と向き合い、ダメな部分も受け入れて克服するのである。

自分の心をよく見て、弱さを知り、強さに変える。受験に勝つとはそういうことだ。

そうは言っても、自分の心のありかや容態を正確につかむのは、なかなか難しい。「心のありか」を見つけるのに役立つ3冊を、ここに紹介しておこう。

『日本近代文学の起源』柄谷行人　講談社文芸文庫

私の考えでは、「風景」が日本で見出されたのは明治二十年代である。

「日本」とか「近代」とか「文学」といった、いつからとも知れず当たり前のようにあるとつい考えてしまうものに、改めてスポットを当ててイチから捉(とら)え直そうとしたのが本書。

そのためにまず着目するのは、「風景」という存在だ。これがどう日本で受け入れられていったかの過程を追う。

もともと日本には、風景を眺めるという考え自体がなかった。明治20年代になってようやくその萌芽が現れたのである。

「でも、山水画もあれば俳句などの風景描写もあるのでは？」と思うかもしれないが、それらは実際の自然を愛でてつくられていたわけではない。じつは言葉で拵えらえた、自然の概念を見ていただけなのだ。

日本では明治に至りようやく、己の内的なものに目を向ける態度を人が身につけるようになった。そうした「内的人間」によって、はじめて風景が見出されることとなったのである。

小説家の国木田独歩が創作の中で「風景」や「風景の中にいる人」を描き出したのを嚆矢として、風景を眺めるという態度が日本でも広まっていった。

風景の発見とはそのまま人の内面や歴史の発見へとつながっていく。小説のテキストや絵画作品を題材にして、日本の近代が抱えていた懊悩や問題点の根っこへと降りていく論述は、とてもスリリングだ。

文学作品のある部分を詳細に見ていくことで、ものごとの起源を明らかにしていく、その知的な手つきはぜひマネしてみたいところ。ものを考えるとは、想像力を働かせるとは、どういうことかを知ろう。
対象は何でもいい、自分なりの精緻な分析や批評を試みることは、自分のものの見方のクセや傾向を捉えるのに役立つぞ。

『〈子供〉の誕生』フィリップ・アリエス
杉山光信&杉山恵美子（訳） みすず書房

子供期に相当する期間は、「小さな大人」がひとりで自分の用を足すにはいたらない期間、最も か弱い状態で過す期間に切りつめられていた。だから身体的に大人と見做(みな)されるとすぐに、できる限り早い時期から子供は大人たちと一緒にされ、仕事や遊びを共にしたのである。

「子供の誕生」といっても赤ちゃんが生まれてくるときの話などではない。

「子供」という概念が、歴史上どのように浮かび上がってきたかを明らかにする書である。

現代では庇護(ひご)と教育の対象として大切に扱われる子供という存在だが、かつては独自のモラルや固有の感情を持つ存在とはみなされていなかった。特別に切り分けて考えてやる必要性すら認められていなかったのだ。

中世ヨーロッパでは、子供は単に「小さな大人」として認知された。そうして一人前になるためには、徒弟に出るなど共同の場に属して、働いたり生きる術(すべ)を学んだり、ときにハメを外して遊んだりした。

ところが近代になると、子供は特別な配慮のもと、隔離した環境で将来のために学びを重ねるよう促されていく。子供という状態・状況の「発見」である。

家族のあり方についての近現代的なイメージも、子供の概念が固まっていく中で芽生えてきたものだ。

歴史学者の著者アリエスは、史料を駆使して歴史のなかに子供の姿を追いかける。人の意識のありように焦点を合わせながら、歴史的史料のなかに浮かび上がる「人の日常の営み」を、見事に掬い上げていくのである。

為政者の名前や戦争が起きた年号を覚えるのが歴史ではないんだ。その時代に存在した感情を掘り起こす、そこに過去を知る意味があるのだと、稀代の歴史家が教えてくれる。子供時代を見つめ直すことで、自分の原点と特性を洗い出せ！

『告白』ルソー　桑原武夫（訳）岩波文庫

これこそは自然のままに、まったく真実のままに正確に描かれた唯一の人間像、このようなものは、かつてなく、また今後もおそらくないであろう。

『人間不平等起源論』『エミール』などの著作で知られる18世紀フランスの大思想家ジャン・ジャック・ルソーが、自分の生涯を綴った自叙伝。

偉人のあゆみを細かく記した書物はそれ以前にも山ほどあったが、ルソーの自叙伝が他と一線を画するのは、赤裸々にすべてを包み隠さず書くというルールを設定したこと。

武勇伝ではない、リアルなひとりの人間の姿を描き出すプロジェクトに取り組もうと、ルソーは心に決めたのだ。そのためには、自分自身を題材にするのが一番いい。表も裏も、細部までを最もよく知っている人間は、自分自身なのだから。

ルソーは自分の一生で思い浮かぶかぎりのことを、時系列で記していく。

出生の際には、自分と引き換えに母が命を落としている。妻を亡くし嘆き悲しむ父は、忘れ形見(がたみ)のルソーに、

「母さんをかえしてくれないか。お父さんをなぐさめておくれ。母さんがわたしの心につくって行った穴をふさいでおくれ。おまえがただわたしの子だというだけだったら、こんなに可愛いだろうかしら？」

と、なかなかつらい言葉を投げかけるのだった。

さらには性の目覚めについて、教育について、女性との性愛や仕事上の駆け引きについて、恥も外聞(がいぶん)もなく書き記していく。

できるだけ真実を明らかに、内面もあるがままに描き、そうして人間そのままの姿を表そうとした本書は、「近代文学のはじまり」とみなされることも多い。

歴史に名を残す賢人も、頭の中は嫉妬(しっと)、焦燥感、屈辱などで満たされていたのだと知ると、どこかがっかりするやら、励まされるやら……。複雑な心境になるものだ。
人は矛盾と混沌を抱え込んだまま生きる存在なのだと、これほど説得力を持って示してくれる本は他にない。

記憶力を高めるための3冊

受験マトリックスの次には、ビデオカメラ、またはスマホの動画撮影機能を活用する勉強法も取り入れていく。

どうやって使うのか。カメラに向かって授業をして、自分が教える側に回るのだ。通常だと受験生は授業を受けたり参考書を読んだりして、教えられるばかりだな。それを逆転させてみるわけだ。

人に教える、ものごとを説明するという体験は、緊張感を伴(ともな)って印象深いものとなる。すると人は自分が話した内容を、しっかり記憶に定着させることができるのである。

受験勉強に費やせる時間には、誰しも限りがある。時間を有効活用するための徹底した効率化が成功へのカギを握る。勉強したことをすぐに忘れてしまい、また覚え直すようなことをしていては、いたずらに時間を使ってしまうばかり。今日覚えたことは、今日のうちに脳にインプットしろ。

人の記憶とは、取り組み方次第でうまく駆動したり、しなかったり。なんともままならないものである。記憶力を有効に働かせるためには、次の本を読んでおけ。

『クオリアと人工意識』茂木健一郎 講談社現代新書

私たちは、もっと真剣に、人間の生命のあり方、身体性のあり方、何よりも意識のあり方という足元の「井戸」の中に深く下りていく必要があるのではないか。

メディアでおなじみの脳科学者が、自身の研究のメインテーマと位置づけるのが「意識」と「クオリア」。

クオリアとは、たとえば赤を赤らしく感じたり、柔らかい布を触ったときに味わう、数値に還元できない固有の質感のこと。それを私たちの意識はどう認識するのか。この謎を探究し続ける著者が、自身の思考の現在地をまとめたものだ。

テクノロジーの進展で、人間は人工知能に置き換えられてしまうのではないかという危惧(きぐ)の声が聞こえてくる。たしかに能力や仕事の面では、個人が人工知能に代替されることもあり得る。だが、私が私であるという自己意識が消えないかぎり、自分が他のものに置き換わるというようなことはない。

著者はそこで、

「私たちの自己意識が、この宇宙の全歴史の中で一回だけのものであり、一度死んでしまえば二度と戻らないという考え方を、自己意識に関する『セントラルドグマ』と呼ぼう」

と提唱する。そうであればこそ、かけがえのない人生を大切にしようという意識も生まれるとし、このモデルが正しいと検証できれば、

「自分が自分であること」を保てるのではないかと説く。
「『クオリアと人工意識』というテーゼを忘れてはいけない。そこにこそ、現代の人工知能の研究によっては担保されない、『今、ここ』の自然現象としての私たちの主観的体験を究明する知的営みの方向性がある」
と述べる著者は、これから追い求めるべきものは、「肯定人間学」であると高らかに宣言するのだった。

クールな最新の研究を、熱いメッセージに転換して伝えてくれるところがこの著者の強みだ。大いに煽（あお）られ、感化されよう。自己意識に目を向けることで、自分が持っている最大の財産たる記憶を使いこなせるようになれ！

『徴候・記憶・外傷』中井久夫 みすず書房

予感と徴候とに生きる時、ひとは、現在よりも少し前に生きているということである。

日本を代表する精神科医による論文・講演集。中井久夫のキャリアは極めてオリジナルな活動と功績で彩られている。「風景構成法」と呼ばれる治療法を確立したり、症状が緩んでいくときの患者とどう接していくかを説いた「統合失調症の寛解（かんかい）過程論」を提唱したり、阪神大震災を機に心のケアの重要性を訴え、実際の行動に移したり。
そうした異能の人の書くものはしかし、決して専門家のためだけのものとはならず、万人に開かれた読みものとしてそこにある。
「発達的記憶論」の章では、「私的記憶」とでも呼ぶべき人のエピソード記憶に着目する。
エピソード記憶がしっかりしていれば人は自分らしくいられるのだから、折に触れてこれをたどり直し、いつでも思い起こせるようにしておくべきという。
みずから幼少時のエピソード記憶を次々と開陳(かいちん)するなど、常に現実・臨床と結びつけて思考していく態度は、論理立てた分かりやすい自説を築きたい者にとって範となる。
また「トラウマとその治療経験」の章では、心的外傷後ストレス障害（PTSD）を取り上げる。災害によって発症した場合ですら、患者が恥や罪の意識を持ってしまいがちだという事実を指摘し、広く一般の理解を求めるのだった。
一方で、知見を得るなどして被害者の側に寄り添おうとすることは、それをしたというだけで私たちの気持ちの荷を軽くし、加害者的側面を一時忘れさせ、正義の側に立ててしまう。それは治療者として、また第三者として自戒せねばならないとも釘を刺す。この広い視野、バランス感覚、気配りが、人を診たり病と付き合ううえでは必須なのだと思い知らされる。

**さまざまな精神疾患についての話が展開されているようでいて、いつしか読む側は他者との関わり方や、生きる姿勢など、根源的思考を促されていく。
エピソード記憶こそが「その人らしさ」をかたちづくるカギになるとの考え方も鮮烈だ。自分の記憶を大切に磨き上げ、いつでも取り出し活用できる状態にしておくよう心がけろ！**

『失われた時を求めて』
プルースト　高遠弘美（訳）　光文社古典新訳文庫

マドレーヌのひと切れを柔らかくするために浸しておいた紅茶を一杯スプーンにすくって口に運んだ。とまさに、お菓子のかけらのまじったひと口の紅茶が口蓋（こうがい）に触れた瞬間、私のなかで尋常（じんじょう）でないことが起こっていることに気がつき、私は思わず身震いをした。

20世紀の小説はここから始まり、同時にここが到達点だったとまで言われる大長編だ。かつて著名なフランス文学者が「すべて読み通したことはない」と公言するなど、これほど有名なのに実際に読んだ人は意外なほど少ないと想像される。

ということは、だ。本書に取り組むとはすなわち、究極の読書体験になること請け合い。これを読み通せた人なら、この世に読めない本などないと胸を張って断言していいだろう。挑戦のしがいはある。

そんな大長編が探究しているのは、著者みずからの「意識の軌跡」を追いかけること。すなわち記憶をひもといていくことだ。

小さいころから文学や芸術に耽溺（たんでき）して育ったプルーストは、長じて文学の習作を繰り返すようになる。ただ、なかなかこれぞ！　というものが書けない。原因は明白だった。プルーストは何について書けばいいのかがわからなかったのだ。圧倒的に情熱を燃やせる対象が、彼には見出せなかった。

常に打開策を模索しながらも、社交にまみれて時間を費やしてしまう。つまりは時を失い続ける日々。そこを乗り越えてプルーストがようやく見出したのは、自分がジリジリと探究しているその様子を、小説にしてしまえばいいということだった。

そこからプルーストは、コルクを貼り巡らした部屋にこもって、創作に取り組むようになる。10年以上の年月をかけて大長編を書き継いだのだ。

話の展開としては、ブルジョアや貴族の生活ぶりが延々と続き、民衆が出てきたりはせず、偏っているといえば偏っている。主人公のブルジョア青年が送る日々は少々退屈に思えるが、時事刻々の意識の動きや感情の機微が事細かく描き出されていくことで、めくるめく展開が起きていると感じさせられてしまう。

実際に読んでいると、ハッとさせられることしきりなのだ。うまく言葉にはできなかったがこれは間違いなく以前に自分も感じたことのある感情で、それに見事に言葉が当てはめられ描き出されていることに、心から驚嘆するのである。

この小説を読んでいるあいだ、読者はひたすら何かを思い出してしまうこととなる。この本を読まなければ二度と意識に上らず過ごしてしまったようなことばかりが、頭の中に蘇ってくるのだ。
誰の人生もすでに充分に豊かなものである。そこに気づけるかどうかは、自分の記憶にちゃんと向き合うかどうかで決まるものなんだ。

エディターシップを身につけるための3冊

天野と早瀬に、アウトプットを重視した学習法を指南したところ、ふたりともすぐに興味津々で取り組み始めた。天野はYouTubeで毎日、英語で話す動画をアップするようになったし、早瀬はTwitterで英文をつぶやき続けている。

受験の最重点科目は何と言っても英語だ。これを得意科目とするには多大な時間と労力が必要となるが、アウトプット重視とSNSの活用によって、英語と付き合うことを習慣化して効率よく能力を伸ばしていけるのだ。

三日坊主防止アプリの「みんチャレ」にも参加させた。何らかの同じ習慣を身につけたい５人がチームを組み、チャットで励まし合いながら、設定した目標へ向かうことを促す仕組みだ。

遊びとの境い目がわからなくなりそうだと、心配する向きもあるだろうか？　それは違う。新しいことを取り入れるのに臆病になってい

るだけだろう。
　いいか、何かを成そうとするなら、手に届く範囲のありとあらゆるものを使って、すべてのことを試そうとする意欲が不可欠だ。そうした模索から新たな道は生み出されていく。
　勉強、仕事、日常生活でもそうだが、アイデアが出ないなどと嘆く人は多いな。そんなことを言っている暇（ひま）があるくらいなら、周りにあるものを見渡し、組み合わせ、思わぬ化学反応を起こそうと試してみることだ。
　そのように、ものごとや状況をプラスに転じていく力は、これからどんなジャンルでも求められていくこととなる。「編集力」「エディターシップ」などと呼ばれる力が、これからの時代には最重要となっていくんだ。次代を生き抜くのに必須な「エディターシップ」の何たるかを知る３冊を、ここに掲げておこう。

『才能をひらく編集工学』
安藤昭子　ディスカヴァー・トゥエンティワン

まず「分けて」みること。「分ける」ことさえできれば、次に何をすべきかは自ずと「分かる」。それが分かりさえすれば、目の前の景色が変わり、解釈も気分も変わっていきます。「わけるとわかる、わかるとかわる」のです。

　松岡正剛によって創始された「編集工学」の知見を受け継ぎ発展させようとしている著者が、編集という営みの効用と方法論をつぶさに説いてくれる。
　編集と聞くと、雑誌・書籍や映像に使う情報を切り貼りなどして取り扱う技能と思いがちだが、その射程はもっとずっと広い。情報に関係する人のあらゆる営みを、ここでは編集と呼んでいる。
　編集という営みなしに人類は前に進めないし、もっと言えばあらゆる生命は、生命という様式を前に進めるために編集という営みを活用している。
　編集の仕組みをよりいっそう明らかにして、人と社会を推進する力として応用しようという方法論体系が編集工学ということになる。
　本書では「『編集思考』10のメソッド」が掲げられる。自分の思考法の型に意識的になろうという「思考のクセに気づく　アテンションとフィルター」。考えを進めるときは立脚点を3つは持つべきだとする「組み合わせて意味をつくる三点思考の型」。ものごとを進めるにはストーリーの力を利用すべきだという「物語の型を使う　ヒーローズ・ジャーニー」などといったもの。これに沿って実践すれば、編集力を身につけ、具体的な学びを進められるというのだ。
　著者が運営に携わる編集工学研究所のスローガンは、
「生命に学ぶ・歴史を展く・文化と遊ぶ」
　というもの。生命はどのように情報を編集してきたか、歴史はどんな方法で事態を展じてきたか、文化は人々の好みや遊びを通して何を表象してきたか。そうした「考え方の原点」に常に立ち返れば、どんな課題を目の前にしても解決のためのとっかかりは見出せるはずだとする。
　現代のような混沌の時代にあって、編集という武器は誰にとっても大きな力になってくれるのである。

編集とは自由に想像し、目いっぱい膨らんだ思考を創造へとつなげていく営みである。本書は「創造力強化のための教科書」として活用すべきだ。

『エディターシップ』外山滋比古　みすず書房

人間の知的活動のきわめて大きな部分が統合作用によっているわけで、人間はすべて生れながらのエディターである。

『思考の整理学』などのベストセラーを持つ英文学者が、自身の膨大(ぼうだい)な知的生産を支えてきた方法論を著した1冊。知的創造のための原理というのは明白にあり、それは「エディターシップ」と名づけることができるという。

エディターシップとは、はたしてどういうものかといえば、あらゆるものごとに統合作用を働かせる方法のことである。

近代文明は、「分析」という方法論を便利な利器として用いてきた。ものごとを細かく見ていき、分解し、これ以上できないところまで「切っていく」。科学はそうしたやり方を洗練させ、発展してきた。

対してエディターシップは、「切る」とは反対に「つなぐ」ことに注目する。

近代文明の作用によって、あらゆるものがバラバラの「点」になってしまいがちな社会を眺め渡し、点から線への結合作業を地道にしていく。それがエディターシップの発揮ということであり、創造の糸口はそこから見出されるはずだ。

こうした統合作用は、実は人間が誰しも日頃からしていることでもある。バラバラの情報を自分に都合よくつなぎ合わせて、統一的な世界を常に生み出しているのだから。つまり人間は皆、生まれながらのエディターである。

エディターシップに意識的になるだけで、その人の知的創造性はいや増すはずだ。

エディターシップを充分に発揮するには、第三者的・客観的な視点が必要だとも著者は言っている。ものごとに対するときは、広い視野を確保し、心を平らにしてことに臨(のぞ)むこと。それも創造性のカギになるんだ。

『ホモ・ルーデンス』
ホイジンガ　高橋英夫（訳）　中公文庫

文化は遊びの形式のなかに成立したこと、文化は原初から遊ばれるものであったことを明らかにしてみたい。

あらゆる文化の、いや人間という存在の本質は、遊びにある。そう喝破(かっぱ)することによって、人類史に新たな視座を生み出した書。

オランダの歴史学者ホイジンガによれば、遊びは文化より古くからあるものなのだという。

人類が共同生活を始めたときから、その行動には遊びが織り交ぜられていた。言語が最たる例だ。言葉を創るということは、具体的なものに形而上(けいじじょう)的な概念をあてていく作業であって、具体的なものを抽象的なものに転換していくことだ。その際に使われる方法は比喩(ひゆ)であり、それはつまり言葉遊びだ。

文化を動かす原動力たる神話にしろ祭祀(さいし)にせよ、もとは純粋な遊びとして発生したものである。

ホイジンガは遊びをこう定義づけている。
「あるはっきり定められた時間、空間の範囲内で行なわれる自発的な行為もしくは活動である」と。

遊びの目的は、行為そのものの中にある。そう考えると、「真面目」

「仕事」の反対語として軽んじられてきた「遊び」の重みがぐっと増す。なにしろ私たちの生活における、生産活動以外のすべてのことは遊びであると言っているのだから。

一読して世界の見方を変えさせること。これが歴史に堪(た)える書物であることの条件だとよく理解できる。

編集力やエディターシップの根幹には、遊びがあるのだ。日本でも古くから、「遊びをせんとや生まれけん」と歌われてきた。遊びはますます尊ばれてしかるべきである。いや、ただ尊んだりしていてはいけない。私たちの存在や生は、遊びそのものだ。そう受け入れてしまえば、勉強や仕事など何に臨むにせよ、創造力は増大していくのだ。

Part
2

言語力がすべてだ!

日本の教育の流れを知るための3冊

龍山（りゅうざん）学園の理事会が開かれることになった。

いま我が校は、現状維持に甘えてしまっているというのが正直なところだ。

そこでオレは提案した。今後、龍山は中高一貫校に生まれ変わり、名門進学校を目指すべきだと。

中学校を新設すれば、受験料だけで毎年数千万円の収入増になる。

ところが、理事長代行の龍野は反対してきた。受験第一主義ではなく、人材育成に注力する学校にしていくべきだというのだ。

なんてヌルいことを言っているんだ？

そこでオレは強く主張した。これから迎える少子化社会では、生徒獲得競争がいっそう激化する。勝ち抜くためには、名門進学校化が不可欠だ。

日本では、教育に対する最大の関心事といえば進学実績である。学

校の評価は、東大に合格者を何人出したかで決まる。それはこれからも変わらない。

日本の社会システムはすべて学校の延長線上にある。学校を出て学生・生徒が社会人になる際、企業は大量一括採用をしている。これが日本社会の核なのは紛れもない事実。

採用システムが大量一括横並びならば、差異は学校の難易度にしか見出せない。難易度一位の学校が、最高の価値を有する。この単純明快な価値観は、揺るがない。

理事会は、この理論で押し通した。ここでは日本の教育について、歴史的経緯も含めてよく知っておこう。

『江戸の読書会』 前田勉　平凡社ライブラリー

生まれたときから生き方が決まっていた彼らは、「草木とともに朽ちる」ことを拒否して、日常性のマンネリズムから飛び出し、知的創造を遂げることのできる会読の場に集まってきたのである。

日本人の「学び好き」は筋金入りである。

江戸時代からすでに、身分を問わず書物に親しみ、藩校や寺子屋といった学びの場が全国的に点在していたことがわかっている。

寺子屋が庶民の集う場だったのに対して、藩校とは上層階級たる武士の子弟が通う場だった。武士の世界とは本来、将軍を頂点とする堅固な縦の人間関係が構築されているもの。驚くほど細かい立場上の規定があり、立場を超えて言葉を交わすこともままならぬほど。ましてや討論など基本的には成立しないというのが流儀だ。

ところが、藩校でおこなわれていた「会読（かいどく）」と呼ばれる読書会の場では、立場や序列にこだわらず討論することが勧奨されていた。

1冊のテキストをめぐって、車座になって討論する会読は、武士階級たちの大きな楽しみにもなっていたようだ。厳しい身分制社会においても、人は何かしら生きた痕跡を残したいと願っていた。自分の「しるし」を残せる創造的な場として会読はあり、そこでの自由は大切に受け継がれていったのだった。

会読で培われた精神は、のちに日本が近代国家として立つうえでの礎になった。楽しき学びの場が、日本という国を生み出す原動力だったのである。

江戸という時代と、そこに生きた人たちのイメージが一読、塗り替えられてしまうはずだ。
教育を社会全体で受け継ぎ、「知」を広く配る営みが、日本では古くから浸透していたのだ。日本の教育の伝統は厚い。現在の教育制度は、伊達じゃないのだ。

『学問のすゝめ』

福沢諭吉　伊藤正雄（校注）　講談社学術文庫

天は人の上に人を造らず、人の下に人を造らず

明治時代の大ベストセラーにして、現在でもこれを生きる指針にして何ら問題ないと言える先見の書。日本的価値観が凝縮されている。

出だしはかの有名な、

「『天は人の上に人を造らず、人の下に人を造らず』といへり」

である。のっけから人間の平等を、何の前置きも留保もなく正面か

ら説く。この率直さと簡潔さが福沢の思想と文章の大きな魅力だ。

続けて福沢は、平等なはずの人間同士の暮らしぶりや人間性に大きな差が生じる理由を、

「学ぶか学ばないか」

の違いによると喝破（かっぱ）する。これからの世を生きていくために、学問を勧めるのである。

学問が大事という理屈はわかっても、「そんな余裕はない、霞（かすみ）を食って生きるわけにもいかぬ」との反論は当然ふりかかる。そこは、浮世離れした学問をせよというわけではないと切り返す。

生活や仕事に役立つ実学、これをこそ福沢は勧めるのだ。

福沢の説くこうした明快な理屈が、およそ150年の長きにわたって、人の背中を押してきたのである。

さらに福沢はそのあとの文章で、世を渡っていくための「生きるヒント」を続々と提示する。

いわく、税金を払い、政府の庇護（ひご）を受けるのが最も安上がりな商売の方法なのだから、税金は気持ちよく払うこと。人を妬（ねた）むことは、何よりもよくないふるまいだ。計画を立てるときはつい自分のやれることを大きく見積りすぎるので、難易度とかかる時間をよくよく考えるべし。多方面の人と交際せよ、人間が人間を毛嫌いしていてはいけない。——と世の中の仕組みから生き方論までを縦横に説く。

明治時代随一の偉人は、時代を超えて多くの人にとって人生の師であり続けるのだ。学ぶことでしか道は拓（ひら）けない、学ぶことを止めるなというメッセージを、読みながら胸に刻みたい。

まずは「私」たるひとりひとりが充分に力を発揮できるような世をつくる。さすれば「公」たる国家単位の制度や組織も輝くようになる。福沢諭吉が描いたそんな構想の大きさに驚嘆(きょうたん)せよ。
自分の成功にしても、社会の役に立ちたいという志にしても、何か大きな目標を持って進もうと考えたとき、モチベーションを維持するにはこの書を折に触れ開くのが最適だ。
真面目に謙虚に、しかし志は大きく強く持って進めという、日本の教育思想の根本精神をここで再確認しておけ。

『風姿花伝』
世阿弥　野上豊一郎＆西尾実（校訂）　岩波文庫

さりながら、この花は、誠(まこと)の花には非(あら)ず。ただ、時分(じぶん)の花なり。

日本を代表する芸能である「能」を大成させた世阿弥が、能芸術の奥義を記した書。長らく一子相伝(いっしそうでん)のものとして、内容は詳(つまび)らかにされてこなかった。
文中のあちらこちらには、「花」という表現が現れる。
たとえば12、13歳ごろの稽古はどうすればいいのかを述べたくだり。少し習熟してくれば、姿も声も好ましいものになってはくるのだが、
「さりながら、この花は、誠の花には非ず。ただ、時分の花なり」
と世阿弥は記す。その年頃の演者が身にまとうのは本当の花ではなく、年齢によって現れ、その年齢が過ぎれば消えてしまう花であるというのだ。
ここで世阿弥がいう「花」とは、演者が発する魅力の総体のような

もの。「美」とか「美の基準」と言い換えてもいいだろうし、演者が獲得した見事な「型」のことと捉えてもいい。

花を咲かせるのはとても難しい。17、18歳になれば声変わりがして花が消えることもあるし、44、45歳には盛りが過ぎてしまう。ただこのころまでに花が失(う)せなければ、それは誠の花であろうとも言う。

何事かを会得しようとするとき、日本古来の奥義はきっと力になってくれる。

本気で何かを成すには、どうしたって道のりは険しい。本当に花開くかどうかも、やってみなければわからない。そうした厳しさを、本書は覆い隠さずに記している。

何かをマスターしようとするときは「型」の習得と習熟をせよとの教えは、日本で古来受け継がれてきた学びの極意。この奥義をしっかり守ることで、ものごとの上達速度は確実に増すぞ。

自分を解放するための3冊

東大専門コース、天野（あまの）と早瀬（はやせ）の受験勉強はどんどん本格化していく。東大にかぎらず、受験において英語が最重要科目となるのは常識だ。ふたりには、みっちりと英語の強化に取り組んでもらう。

そこで東大専科英語特別講師として招聘（しょうへい）したのが、歌って踊れる鍋明美（ナベアケミ）先生だ。

東大英語はとりわけ、リスニングがポイントになる。そこで鍋先生が提唱するのは、「モノマネ口パクレッスン」だ。

これは洋楽の英語歌詞を、身振り手振りも交えてモノマネしながら声に出してみるというもの。英語を実際に耳で聞き、口で話し、表情筋を鍛えてこそ、リスニング能力は向上するのである。

ここで照れたり恥ずかしがったりしていてはいけない。鍋先生はこう説く。

「あなたを見て笑った人も３秒後には別のこと考えてるから」

「恥ずかしがって何もやらないと人生損するわよ」

ここで、つまらないエゴを振り払うために役立つ本を並べておこう。

『アクタージュ』 集英社ジャンプコミックス
原作・マツキタツヤ　漫画・宇佐崎しろ

お芝居というより身体が勝手に動いてしまうというか…

俳優を目指す夜凪景(よやなぎけい)を主人公とした漫画作品。夢に向かって進む少女の成長譚という側面ももちろんあるが、本作が描き出そうとしているのはそれだけじゃない。

「カットがかかるまでの　幕が降りるまでの　その僅(わず)かな時間だけ他人の人生を生きる　時に国境も時代も　世界すらも超えた　別人を体験する　そういう常軌を逸した喜びに魅(み)せられた人間を　役者という」

という言葉がプロローグに掲げられている通り、自分ではない誰かになりきってしまう「役者」という摩訶不思議な存在。そのありように迫ろうとする野心が、全編にみなぎっている。

高校生ながら妹、弟の面倒を見て一家の長として暮らす夜凪は、ことあるごとに映画の世界に没頭して、つらい現実を凌(しの)いでいた。ならば自分も役者になってしまえばいい。そう思いついて大手芸能事務所のオーディションを受けるも、不合格となってしまう。

圧倒的な表現力はあるのだが、その演技があまりに危険とみなされたのだ。夜凪のそれは、演じたい感情にぴったりの自分の過去の経験を引っ張り出してきて、演じる役柄に没入してしまう「メソッド演技」だったからだ。自分の特質や強みに気づいて自覚的にならないうちは、どんなに才能があってもなかなか開花しないというのは世の常だ。

夜凪の才能はしかし、徐々に理解者を増やしていく。映画監督・黒山やスター女優の千世子らとともに、夜凪は一歩ずつ「真の俳優」になる階段を上っていく。

夜凪の周りには千世子をはじめ、タイプの異なるライバル俳優が続々と現れる。彼ら彼女たちと切磋琢磨（せっさたくま）しながら、上達と成長のプロセスをたどる軌跡に胸が躍る。
同時に「演じるとは何か」「自分とは何か」といった深い問いについても、たっぷり考えさせられる。自分の中に眠る才能を伸ばそうとするなら、それを正しく理解し、真正面から見つめるべきなのだ。

『禅と日本文化』鈴木大拙　北川桃雄（訳）岩波新書

日本人の心の強味は最深の真理を直覚的につかみ、表象を借りてこれをまざまざと現実的に表現することにある。

日本文化を担う主たる柱のひとつが「禅」の思想だ。禅は日本人の思想はもとより生活習慣全般に、深く浸透している。茶道や華道は禅に端を発しているし、「侘（わ）び」「寂（さ）び」「粋（いき）」といった考え方や美術品の造形、日本家屋の造りにまで禅は大きな影響を与えている。

明治から昭和にかけて世界に禅の考えを伝導した著者が、その精神を嚙み砕いて説明しているのが本書。もともと禅とは初唐、すなわち８世紀の中国で発展生成された仏教の一形態である。

根本となる精神は、般若（はんにゃ）（智慧（ちえ））と大悲（だいひ）という。般若は超越的智慧のことで、大悲は愛または憐情（れんじょう）を指す。禅では精神的なありようが理想として掲げられ、おおよそ形式は無視される。

これが日本に移入されると、すんなりと馴染んでいき、鎌倉・室町時代には支配階層たる武士から厚い支持を受けた。日本的精神の代表的とされる「侘び」「寂び」もここから生じ、清貧や孤絶を重んじる日本独自の価値観がかたちづくられていった。

他に茶道や俳句も、禅的精神が十全に発揮されたからこそ、日本においてこれだけ発展してきたものと考えられるのだ。

もとは英文で書かれ、海外の人に広く日本文化を知ってもらうことに寄与した本だった。日本の「心」がどう形成されてきたかを復習するのに、これほど適した書はまたとない。我々の生活に溶け込んでいる禅の精神を探し出し、眺め直してみろ。どう心を解き放つか。それを突き詰めて考えてきたのが禅の精神だ。その教えの一端に触れれば、日々の生活に対する心構えも勉強に向かう姿勢だって、すぐに改善が見込める。

『精神分析学入門』
フロイト　懸田克躬（訳）　中公文庫

夢はまたつねに無意識的な願望の充足であります。

19世紀に精神分析学を打ち立てた精神科医フロイトが、自身の講義を再現するかたちでつくった1冊。精神分析学ついて、分かりやすい話し言葉によって綴られており、格好の入門書となっている。

抑圧と抵抗という心理機制または防衛機制、無意識の存在や小児期の体験、性の重視。それらオリジナルな視点を持つことが、一般の心理学から独立して精神分析学となり得る条件だとフロイトはみなす。

明晰な意識を持った個人が、独自の考えを持ち、確固たる意思のもと判断を積み重ねる。それが人間の基本的ありようだとしてきた近代欧米社会において、突如出現したフロイトの思想は衝撃的だった。

「心的過程はそれ自体としては無意識的であり、意識的過程は心的活動の一つの作用面であり、部分であるにすぎない」

と、無意識の領域が人を動かしているとする主張は、なかなか受け入れられるものではなかった。それに、

「広義にせよ狭義にせよ性的なものと呼ぶほかはない欲動の興奮が、神経と精神の病気の原因として、これまで正しく評価されなかった大きな役割を果たしている」

と性的欲動の重要性を唱え、

「それどころか、この欲動の興奮は、人間精神の最高の文化的・芸術的ならびに社会的創造に、軽視することのできない大きな貢献をなしてきた」

とまで強調する。20世紀初頭にこんな主張を持ち出すとは、その跳ね返りっぷりは凄まじい。ともあれ人の中には、まだ開拓されていない面が山ほどあると示したこと自体に価値ありだ。

現在ではフロイトの考えも、すっかり広く知られるものとなっている。いまだ毀誉褒貶はあれど、世界観を拡張するような考えを提示した蛮勇と稀有な構想力は、見習いたいところだ。ともあれ自分の内面世界とは、思いのほか広いものだ。フロイトの説にいったん乗っかり内面を探索してみれば、自分への理解は確実に深まるし、発想力も豊かになるぞ。

言語力を強化するための3冊

本来なら語学の勉強は、着実な積み上げのもとで力を伸ばしていかなければならないものだ。

しかし天野と早瀬の場合は、時間がない。受験スケジュールに合わせて速成することもやむを得ない。

そのためにこうして身体と頭をフルに使って、英語の習得スピードを最大限に上げているのだ。

ただ、この試練を乗り越えられたら、あとが楽になる。言語をマスターするというのは、あらゆる学問の基本。英語で成果が出れば、国語をはじめ他の科目でも必ずいい影響が出るのだ。

ここでは言語運用力を身につけるのにつながる本を紹介しておこう。

『声に出して読みたい日本語』 齋藤孝 草思社文庫

朗誦することによって、その文章やセリフをつくった人の身体のリズムやテンポを、私たちは自分の身体で味わうことができる。

いい言葉を繰り返し暗唱・朗誦すると、それがその人の血肉となって、身体も心も丈夫になる。

そう提唱する国語学者が、声に出して読むべき日本語テキストを精選した。

収載されているのは、『平家物語』の「祇園精舎の鐘の声、諸行無常の響あり」。島崎藤村の詩「初恋」の「まだあげ初めし前髪の／林檎のもとに見えしとき／前にさしたる花櫛の／花ある君と思ひけり～」。小林一茶の俳句「瘦蛙まけるな一茶是に有」などなど。

たしかに名調子な言葉ばかりだ。口の端に乗せるだけで快いテキストというのはあるものである。

読み上げるとなると、つっかえることなくうまくやらねばと構えてしまいがちだが、自分の息づかいを楽しむくらいの気持ちでやればいい。間違えずに読むことが大切なのではなく、言葉の持つリズムを肌で感じることが肝要なのだ。

各テキストに付してある解説がまた理解を深めてくれる。たとえば萩原朔太郎の詩「竹」については、

「萩原朔太郎のスタイルは『ふるえるエロティシズム』だ。りんりんと垂直に伸びる竹の鋭い強さの根本に、根の先の繊毛がふるえている」

といった具合。愛誦するうち、きっとそのテキストのことが好きになったり、もっと知りたくなっていく。

好きこそ物の上手なれ、である。好きな日本語のテキストが増えて

いけば、とうぜん日本語の奥深さをもっと探究したいという気持ちになる。国語の読解力が劇的に向上するだろう。

ひたすら「すてきな響きを持つ日本語」に、身体で触れる体験をすればいい。文章の意味なんて、すぐにわからなくてもかまわない。そう言われれば、ふっと気が軽くなるだろう。多様な文章に触れてみようかという意欲も増し、国語力は確実に上がる。

『言葉とは何か』 丸山圭三郎 ちくま学芸文庫

私たちの生活している世界は、言葉を知る以前からきちんと区分され、分類化されているのではありません。

書名にある通りの大きな問いに、気鋭の哲学者が真正面から迫った。人間の歴史は言葉とともに始まったと言われるし、我々は生まれたときから言葉にまみれて育つ。人が人である以上、言葉から逃れることはできない。となれば当然ながら、言葉自体についてはこれまで、さまざまな研究がなされてきた。

西欧の言語省察の歴史を大きく分けると、まず古代から18世紀後半にかけて、言葉の研究は哲学そのものだった。言葉とは何かという形而上学的(けいじじょうがく)問いを立て、そこから本質に迫ろうとしていた。

次いで19世紀から20世紀初頭、比較文法、歴史言語学というアプローチが見出され、科学の時代となった。そして現代では、斬新な言語学を打ち立てた言語学者ソシュールの登場以降、言語の捉(とら)え方がガラリと変わったのである。

ソシュールは、従来の言語についての考え方をいったん脇に置き、言葉は事物の名称リストではないという考えから出発した。そうして、言語の成り立ちと構造を明らかにすることによって、言葉とは体系だということを証明してみせたのだった。

丸山はソシュールの考えを嚙み砕いて説明していき、言葉というものが常に人々に使われながら時代ごとに生成されていることを明らかにする。言葉を固定されて動かないものではなく、生きた存在として捉えていくのだった。

言葉をめぐって深く思考をめぐらせていくことが、よりよく生きようと模索することに直接つながるのだと、読み進むうちに気づかされる。
我々が人間らしくあるためには、言葉を大切に使うことが必須なのだ。言語を身につけ習熟することの重要性を、改めて肝(きも)に銘(めい)じよ。

『物語の構造分析』
ロラン・バルト　花輪光（訳）　みすず書房

物語は、まさに人類の歴史とともに始まるのだ。

20世紀のフランス現代思想を代表する批評家のひとりがロラン・バルト。彼の1960〜1970年代の思考の足跡をたどる評論が8編集められている。

中でも冒頭に掲げられている「物語の構造分析序説」は、一時代を画した構造分析の手法を確立した論文として名高い。

人がみずからの来し方を語る物語は、人類の歴史とともに始まっている。これは常に何らかの構造を持っており、分析の対象となり得るとバルトはみなす。

バルトは、ストーリーのような「機能」、登場人物による「行為」、そして「物語行為」という3つのモデルを抽出し、物語という存在に対して分析を施していく。

「物語を理解するということは、単に物語内容の展開を追うことではない」

と、話の筋を追うだけでは物語を充分に味わえないとし、

「それはまた、物語に《階層》を認めることであり、物語の《筋》の横の連鎖を、暗黙の縦の軸に投影することでもある」

と構造に着目するよう促す。

続く「天使との格闘」という論文では、聖書の「創世記」の中の挿話を実際に分析にかけていく。「創世記」は古文特有の素っ気なく短い文章の羅列なのだが、各部がそれぞれ話の全体に対して過不足なく役割を担っており、構造的な存在意義を持つことが明らかにされる。

読み進むにつれ、言語と物語の成り立ちについて次々と理解が進み、霧が晴れていくような気分に浸れるとともに、文章というものがどう部分を積み重ねて全体をかたちづくっているのかもよく把握できる。

言葉や文章にははっきりとした構造がある。ということは、設計図や手順書さえあれば、誰でも立派ないい文章はつくることができるということだ。言語運用能力を磨き、言葉をうまく使うことによって、いくらでも新しい世界が見えてくる。

日常の価値を見直すための3冊

東大専門コースの天野と早瀬は、英語の強化を中心に本格的な「東大対策」に取り組み始めた。

試験を受けるときには、周りの雑音や試験会場の寒暖など、不確実な要素がある。運に左右される面もあるが、それをどんと受け止めることで、自分に運を向かせるくらいの度量がなくてはダメだ。そうした心構えもしっかりと伝えて、気持ちを高めさせていく。

同時にオレは、ふたりの親を学校に呼んで、東大受験に臨（のぞ）むことを初めて知らせた。親とは得てして余計なことを言うから、軌道に乗るまでは内緒にしておいたのだ。

案（あん）の定（じょう）、尻込みする母親たち。だが、早くも天野と早瀬は変わり始めている。子どもの成長を応援してやれずして何が親か！　そう言い放って、親の意識改革も促しておいた。

協力をとりつけたところで、家庭で守ってもらうべき10ヵ条を手

渡す。これを守ることができれば、必ずその家庭の子は受験に合格できるという秘伝のものだ。

1 一緒に朝ご飯を食べること
2 何か一つでも家事をさせること
3 適度に運動させること
4 毎日同じ時間に風呂に入らせること
5 体調が悪いときは無理させず、休ませること
6 リビングはいつでも片付けておくこと
7 勉強に口出しをしないこと
8 夫婦仲を良くすること
9 月に一度家族で外食すること
10 この10ヵ条を父親と共有すること

ふつうのことばかり書いてあるように見えるか？　ああ、その通り。
受験に立ち向かうには、平穏な家庭での日常生活が必須なのである。
合格は日常生活の延長線上にあり、日々の暮らしを大事にする生徒が受験を制するのだ。
ここで、日常というものの重要性をしっかり捉(とら)える本を提示しておこう。

『中動態の世界』國分功一郎　医学書院

かつて、能動態でも受動態でもないもう一つの態、中動態(ちゅうどうたい)が存在した。

一読して、これまで当たり前と思っていたものの捉え方が、ガラリ

と変わる。そんな稀有な体験ができる貴重な1冊。

能動的に行動する人、受動的に生きる人などと言うように、人の態度には「能動」と「受動」があるとふつうは思われている。能動が「する」で、受動は「される」様子である。

ところがかつては、能動態でも受動態でもない「中動態」なる態が存在していて、これが能動態と対立していたという。能動態と受動態というのではなく、能動態と中動態が区別されていたのだ。

では中動態とはいったいどんなものなのか？　その名称からして、「する」と「される」のあいだの様態であることは推測できる。卑近な例をとれば、悪い人にカツアゲされるときの行動がそれだ。あからさまではないものの、脅され逃げ場のない環境に陥った人は、直接的な暴力によってお金を取られるのではなく、その場の圧力・権力に屈するかたちで自発的にお金を差し出す。

環境や状況が働きかけて必然的に行動するのが、能動でも受動でもない、中動の様態ということだ。

中動態に当てはまる言葉や概念は、以前から日本語の中にもあった。古語で「きこゆ」などというときの「ゆ」がまさにそれ。聞こうと意識したわけではないが、ごく自然に耳に入ってきた、というようなニュアンスの表現だ。「自然の勢い」と称されるような、こうした自発の言葉がかつて存在したのである。

中動態を表す言葉は世界中にあり、現在はあまり表に現れないとはいえ、我々の文化文明の核は中動態的な考えにこそあるのかもしれない。

著者の國分は、中動態的思考を推し進めた思想家として、17世紀オランダの哲学者スピノザの名前を挙げる。スピノザは人間の自由を強く訴え、「自己の本性の必然性に基づいて行為する者は自由である」と定義したという。必然的な法則に従って行為する、それはまさに中動態が表す世界だと読み解く。

そうして、國分は次のように結論づけるのだった。

「われわれが、そして世界が、中動態のもとに動いている事実を認識することこそ、われわれが自由になるための道なのである。中動態の哲学は自由を志向するのだ」

新しいものの見方を提示してくれる論に触れると、いきなり視界が拓(ひら)けたような心理的変化が得られるものだ。
中動態というニュートラルな状態に入ることを、自分の生活の中で試してみよ。それだけで肩の力が抜けて、より能力を発揮できたり学習効率が上がったりする効果が期待できるだろう。

『思い出トランプ』向田邦子　新潮文庫

指先から煙草が落ちたのは、月曜の夕方だった。

『寺内貫太郎一家』などで知られる脚本家の残した文章は、すべて昭和に書かれたものであるのに、いまだ瑞々(みずみず)しさをまったく失わない。なぜか。おそらくは時代を超えて営まれ続けてきた、普通の人の日常を慈しみながら描いているからだ。

向田はラジオ、テレビ、映画の脚本からエッセイ、小説までと、ジャンルを超えて書きものをした。『思い出トランプ』は小説短編集で、どの話も市井の人のささやかな生活が題材になっている。ごく限られた数の登場人物の、心理をじっくり見つめることだけで、1編ずつがかたちづくられている。そうか小説とは、起伏ある物語を楽しむより前に、人の心情のヒダをたどれることが醍醐味(だいごみ)だったと再確認させられる。
「かわうそ」と題された作では、出だしからして、
「指先から煙草が落ちたのは、月曜の夕方だった。」
という描写がくる。実はある身体的変化に見舞われているひとりの男が、呆然と頭の中で考えを巡らせている様子を、このたった1行がよく表している。
「大根の月」という作品に出てくる男はまず、これまでの人生で昼間の月を見たことがない人物として描写される。
そのエピソードだけで、あくせく下ばかり見て暮らしてきた小人物なのであろうことが、痛々しいまでに伝わってくる。
どの短編も平凡な家庭を舞台にしているのは、設定をできるだけふつうで平坦にしたほうが、心情の起伏だけを際立たせることができて好都合だからかもしれない。
外形的には何ら波風が立っていなくとも、人の心理や感情はいつだって波瀾万丈で味わい深いもの。小説はもちろん、実生活だってきっと同じなのだと、向田作品が教えてくれている。

向田邦子の「人生の達人」風な思考法をマネしてみよ。ものごとをじっとよく見て、微細な変化を逃さぬよう努めていると、どんなささいな部分にも、これまで気づかなかった良さや意味があると知るはずだ。

『ボヴァリー夫人』
ギュスターヴ・フローベール　芳川泰久（訳）　新潮文庫

「そうよ、かわいいひと。ほんとにかわいいひと……あのひと恋をしているのではないかしら？」と心にきいてみる。「だれを？……あたしを、だ！」

19世紀フランス小説を代表する、いやそれよりも小説というジャンルの「見本」をつくり上げたといってもいいのがこの作品。フランスのルーアン近郊の田舎町で医者をしているシャルル・ボヴァリーは、美貌のエマを妻に娶（めと）る。

その地域では「そこそこ」の地位にあるシャルルのもとへ嫁いで、さほどの不自由もない暮らしができるのだから満足すべきところではあるはずなのに、エマの心はちっとも晴れない。夫の凡庸（ぼんよう）さや田舎の小さい世界を嫌悪して、退屈でたまらないのだ。

もともと空想癖の強かったエマはいつしか、ロマンチックな恋愛に身を浸す自分の姿を妄想するようになり、その想いが現実にまで滲（にじ）み出てくる。

出会った男性ロドルフ、次いでレオンと不貞を重ね、家庭の金銭も使い込んでしまう。

だが結局は、男性たちに都合よく利用されただけ。不都合を隠し通せなくなったエマは、服毒して死んでしまう。エマが最期を迎えるまで「いい人」であり続けたシャルルも、跡を追うように命を落とす。残された彼らの娘は、なんとか係累（けいるい）を頼って生き延びているようだと記され、1編は終わる。

いまならさしずめ週刊誌の記事にでもなりそうなひとりの女性の顚末（てんまつ）を、作者フローベールは、同時代の「生活の一例」として客観的に描写していく。大仰(おおぎょう)に飾り立てず、出来事と心情を淡々と言葉に落とし込んでいくことによって、リアルな読み応えをつくり出しているのだ。

起こった出来事だけを追えば、どこにでもありそうな陳腐さ。それが時代を超えて読み継がれるのは、描き出しているのが時代の風俗だけではなく、人の内面と感情をも含んでいるからだ。これは出来事の新奇さで読ませるのではなく、内面の動きだけで自律している小説だ。
人の感情はどんなときにどう動き、いかにすれば満足を得るのか、名作小説からよくよく読み取れ。人の世のすべての課題もその解決策も、人の感情に基づいて生まれているのだから。

歴史をマスターする ための3冊

受験生を抱える家庭の心得を10ヵ条にまとめて示したところ、天野と早瀬双方の親御さんはそれを守り抜くと約束してくれた。

これで盤石だと、オレは確信した。家庭全体が安定しており、協力的であれば、受験はまず失敗しない。

そもそも受験勉強もそれを支える家庭生活も、コツは同じなのだ。

特別なことをしない。やり始めたことは変えない。いちど始めたらやり続ける。そうして日々の営みにリズムをつくり、着実に積み重ねをしていく。そうしてはじめてものごとの成果は上がる。

当たり前すぎてつまらないことを言っていると思うか？　いや、そういう当たり前の積み重ねにこそ、真理があるものなんだ。

これは家庭生活でもそうだし、もっと長いスパンをとって人類の歴史全体を眺めても、同じことが言える。当たり前の集積が歴史をつくるのだ。

受験勉強を通して学んでいるのは、そうした人の営みの基本形だとも言えるな。

ここでは歴史を身近に感じて、得意にするための3冊を、読んでおきたい。

『歴史の終わり』
フランシス・フクヤマ　渡部昇一（訳）三笠書房

アジア、そしてとりわけ日本は、世界史という面から見てとくに決定的な転換点にあるように思われる。

「歴史の終わり」というフレーズは、なんとなく耳にしたことくらいあるんじゃないか？　意味するところは定かではないけれど、知的でカッコいい言葉に思える。これはもともと本書のタイトルによって広く知られるようになったもの。

このフレーズは何を意味しているのか。歴史の終わりとは、何も人類が滅びるとか、イデオロギー対立がなくなって歴史的大事件などもう起こらない、といった話ではない。

もとをたどればカント、ヘーゲル、ニーチェらの思想から導き出された言葉だ。さまざまな政治体制が競合するうちに、最終的には最もいい政体が勝ち残って固定されるであろうとの予想をさしていう。

20世紀の終わりごろにはどうやら、ロックやホッブズに端を発する「リベラルな民主主義」が、政治体制として勝ち組になりそうな気配が漂っていた。人の生命と財産を等しく守ることを是とするこの政体はしかし、あらゆる人のあらゆる気持ちを満足させられるわけではない。

リベラル民主主義の達成は、対等でありたいという人の願望を充足させはするが、人の尊厳とか認知欲求を置き去りにしがちである。また、あまりに平等が行き渡り過ぎると、経済、生き方、芸術、学問とあらゆる分野で、人より上にいこうという優越願望が成立しづらくなる。

対等願望と優越願望をどう両立させるかは大きな課題だ。著者のフクヤマは、20世紀の世界各地の歴史を丹念にたどり、現状を読み解き、未来を展望しようとする。そのときにカギとなるのが、日本の社会であるという。

鎖国をしていた江戸時代、日本では長きにわたって争いのない、平等願望が満たされた社会が実現していた。では人の優越願望はどう処理されていたか。能楽、茶道、華道といった、永遠に完成されず満たされない形式的な芸術を考案して、それらに耽(ふけ)ることで満足を得ていたのだった。

日本社会の歴史から、21世紀を生き延びるヒントを得よ、というのが著者の主張のひとつなのだ。これを丸ごと信じる・信じないはどちらでもいいが、ユニークな視点を設けてものごとを自分なりに解釈していく展開力をこそここでは学ぶべきだ。

ありとあらゆる事象が詰まった「歴史」という大きなテキストから、何をどう読み取るか。その方法とセンスを会得するのが、歴史を学ぶことの意味だ。史実をもとに、自分なりのストーリーを紡(つむ)げるようになれ！

『歴史とは何か』
E・H・カー　清水幾太郎（訳）　岩波新書

歴史家というのは、「なぜ」と問い続けるもので、解答を得る見込みがある限り、彼は休むことが出来ないのです。

この本は20世紀を代表する歴史家がおこなった講演を収録したもの。歴史哲学を知るうえで格好の入門書になっている。

カーはまず「歴史とは何か」「歴史的事実とはどんなものか」を問い直す。

史実として残っている記録というのは、客観的なもののように思えるが、ある特定の見解に染め上げられた人たちによって残されたものであるのは間違いない。つまり、何らかの偏（かたよ）りがあるのは明らかであると、カーは主張する。

ヨーロッパ中世の人たちは宗教に深い関心を抱いていたとされているが、これとて当時の年代記作者は宗教関係者が大半であり、宗教のことしか眼中にない人たちだったのだから、宗教色が強くなるのは当然だ。

「歴史とは解釈のことです」

とカーは述べ、歴史家は自分の好む事実を手に入れようとするものであり、結局は歴史家が歴史をつくることになっているとする。歴史について書かれたものを絶対視する必要はない。現在に生きる我々の解釈とジャッジこそが重要なのだ。

すべての学問・思想がそうであるように、歴史もまた相対的に考察していかなければならないものである。歴史的事象は正直なところ、いかようにも解釈可能だ。

そこへ明確な方向性を持ち込むのが、歴史学者の役割だとカーは述べる。研究者たちは基本的解釈を打ち立てて広く普及させ、歴史論議を活発化させる環境整備にいそしむべしというのである。

歴史は時代ごとに、常に編み直されていくべきものだとカーは言う。「歴史？　暗記教科でしょ？」だなんて、とんでもない考え違いだ。歴史を学ぶとはいかに創造的営為であるかを知ろう。

『ニュー・アトランティス』
ベーコン　川西進（訳）　岩波文庫

わが学院の目的は諸原因と万物の隠れたる動きに関する知識を探り、人間の君臨する領域を広げ、可能なことをすべて実現させることにある。

「ユートピアの系譜」とでもいうべき書物群がある。理想郷における見聞録のかたちをとる物語で、トマス・モアの『ユートピア』、スウィフトの『ガリヴァー旅行記』などとともに、本書もその代表作例となる。

経験論哲学の祖とされる中世イギリスの思想家フランシス・ベーコンによるこの１編は、知性と理性が統（す）べる完璧（かんぺき）なる世界を垣間見させてくれる。未完の作なのだが、矛盾や破綻（はたん）を感じさせる記述はなく、理想郷らしさをより際立せるつくりになっている。

欧州から航海に出た船が太平洋で漂流してしまう。流れ着いた陸地は、恐ろしいほど豊かですべてが秩序立った国だった。

「天使の国に来たようだ」

と航海者たちは息を呑む。どうしてこんな社会を築けたかといえば、ある王の決断が大きかったという。

自身の治世が幸福と繁栄の只中（ただなか）にあると見てとった王は、ここぞとばかり異邦人の入国を禁じた。今の状態を永続させることを唯一の目的にせんという判断からだ。

王国の叡智（えいち）の中心ともいうべき施設は、「サロモンの家あるいは学院」と呼ばれる。そこは最高学府であり、万物の知識を探り、人間の君臨する領域を極限まで広げるためにあった。

理想の自然科学研究のための設備とそれを実用に移す製造拠点を併せ持ち、また完全なる法律、政治、経済体制についての見取り図も研究・考案されていた。

サロモンの家の詳細は、原稿が途切れ、語られないままに終わってしまう。だがサロモン学院の構想は、英国で後の科学者たちに実際に受け継がれ、現実の世界において学問探究の拠点として築かれた「王立協会」へとつながっているのだ。

「あり得たかもしれない歴史」を物語として描き出すことで、世紀を超えて現実にまで影響を与えているのが本書だ。「想像力の勝利」の実例がここにある。自分なりに歴史を解釈して展開することの、ひとつのお手本だ。

異文化から学ぶための3冊

天野や早瀬の同級生に、小杉という女生徒がいる。彼女は龍山高校の中ではダントツの成績を誇る。放っておいても東大合格は堅いだろうから、東大専門コースには入れていない。

彼女は誰かに教わるというよりは、自分で自分にとって最もいい学び方を考え、実行できる稀有（けう）なタイプだ。

ふとした拍子に見かけた世界史の教科書が、ボロボロになっているのを見て、オレは確信したものだ。この生徒は間違いなくだいじょうぶだ、と。

彼女は世界史の勉強法を、教科書を徹底的に読み込むことに絞っているのだ。聞けばすでに７回は通して読んでいるという。

このように自分なりの方法論を確立している者は、どんな分野でも圧倒的に強い。

ただし、そこまで自分を強く持って独自の道を歩める者は少ないの

も事実。ならばそうした「強き者」から学び、習ってしまえばいい。
オリジナルな人のふるまいを、真似てしまうのだ。それもひじょうに有効な学びの手段と言えるんだ。
異文化にどう触れ、うまく感化され、自分の学びにつなげていくか。その方法論を学べる３冊を紹介しておこう。

『寝ながら学べる構造主義』内田樹　文春新書

ソシュールの言語学が構造主義にもたらしたもっとも重要な知見を一つだけ挙げるなら、それは「ことばとは、『ものの名前』ではない」ということになるでしょう。

20世紀の思想界を席巻したムーブメント、それが「構造主義」と呼ばれるものだった。
難解で鳴らしたこの思想を、ときほぐして伝えよう。人物名や年号の羅列ではないかたちで、その世界に入り込んでもらおう。そんな狙いで書かれた現代思想入門書である。
私たちは自分のことを、自律的な主体と信じているが、じつはその自由や自律性はかなり限定的なものである。そんな事実を徹底的に掘り下げたのが構造主義であり、この考えの誕生を導いた先人としては、３人の名が挙げられる。
階級という社会的立場に着目したマルクス。人間の内側にある無意識に目を向けたフロイト。人は人を超越していかねばならぬという思想を唱えたニーチェである。
その後、言語学者ソシュールを直接の起源としてかたちを成した構造主義は、20世紀も半(なか)ばになると全盛期を迎える。理論構築にあたった中心人物はといえば、次の「構造主義の四銃士」たちだった。

文化人類学のレヴィ＝ストロース。先行する実存主義を批判し、親族構造を音韻論（おんいんろん）の理論モデルで解析するという斬新な方法論を打ち立てた。

精神分析のジャック・ラカン。幼児が鏡に映った自分の像に執着する現象から、「鏡像段階理論」を提示した。人が「私」を手に入れるメカニズムを明らかにしたのである。

記号論のロラン・バルト。テキストを読むという行為に着目し、現代は「作者の死」と「読者の誕生」という事態を生み出したとする。

社会史のミシェル・フーコー。狂気、身体的苦痛、性などのトピックスに関して、ものごとの起源にまで遡（さかのぼ）って考え直し、「これはどのように語られてこなかったのか」「私たちはどのような前史をたどってきたのか」を徹底して考察した。

これら知の巨人が成したことに対して、著者は明快な整理を施したうえで、大胆にもこうまとめてしまうのだった。

「レヴィ＝ストロースは要するに『みんな仲良くしようね』と言っており、バルトは『ことばづかいで人は決まる』と言っており、ラカンは『大人になれよ』と言っており、フーコーは『私はバカが嫌いだ』と言っているのでした」

ここまで噛み砕いてこそ、ものごとを真に消化したと言えるだろう。知は自分でカスタマイズして内側へ取り込み、血肉にして使うものなのである。

『日本語が亡びるとき』水村美苗 ちくま文庫

私たちが知っていた日本の文学とはこんなものではなかった、私たちが知っていた日本語とはこんなものではなかった。そう信じている人が、少数でも存在している今ならまだ選び直すことができる。

「国語は自然なものではない」

当たり前のようにあると信じているものも、決してそうではない。自分を取り巻く環境、国家、そして自分たちの使う言葉も、ある時間と空間と条件のもとでかろうじて成立しているのだ。そんな考えのもと、『私小説 from left to right』といったバイリンガル小説も手がけてきた小説家が、日本語についての問いを深めていく。

言葉にはさまざまなありようが存在し、世界語としての「普遍語」、ローカルな空間のみで使われる「現地語」、現地語が発展して普遍語と同レベルの機能を有するようになった「国語」などに分けられる。

日本では明治維新以降、驚くほどすみやかに国語が成立した。漢文圏のひとつの現地語だった日本語は、翻訳という行為を通じて国語として成長していったのだ。

これによって日本では、知の先進的な地域たる西欧と同時性をもちながら、日本語で世界と同じことを考えられるようになった。西欧をキャッチアップしたかった日本としては、これが大いに役立ったのである。

国民国家が生まれるときには、代表的な国民作家が登場するものである。日本ではそれが夏目漱石だった。彼の小説『三四郎』には、当時の日本人の言語意識がくっきりと描き込まれている。

そうして成立発展した日本語という「国語」は、インターネット空間を中心として「英語の世紀」を迎えた21世紀の現在、また揺らぎ始めている。

日本語の運命の行き先は、それを使用している私たちのふるまいが握っているのだ。

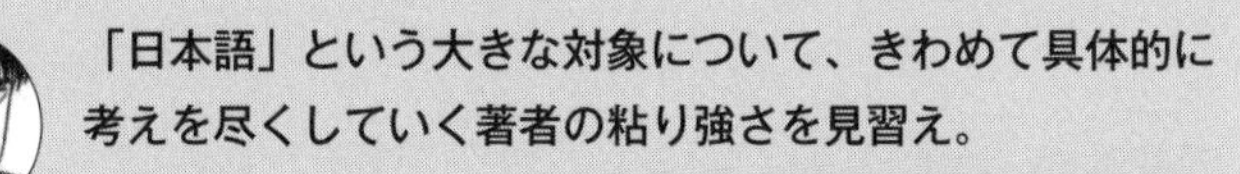

「日本語」という大きな対象について、きわめて具体的に考えを尽くしていく著者の粘り強さを見習え。
まず己をよく知り、そののち異なる世界へ身体ごと飛び込む。それくらいダイナミックに行動してこそ、異文化を真に理解することができるのだ。

『日本の思想』丸山真男　岩波新書

文化的創造にとっては、ただ前へ前へと進むとか、不断に忙しく働いているということよりも、価値の蓄積ということがなにより大事だからです。

戦後日本を代表する政治学者の丸山真男が、日本の思想の特徴や問題点を浮き彫りにしていく。

いくつもの論文がこの1冊に束ねられており、書名にもとられている「日本の思想」で丸山は、日本においてはっきりとたどれるようなかたちでの思想の歴史形成は、なされてこなかったことを端的に指摘する。日本人は、ものの捉え方・考え方が、ことごとく無構造なのだという。

たしかに「もののあはれ」だとか、儒教に基づく倫理観は時代を超えて受け継がれてきたが、それらを自覚的に位置づけたりはしない。

すでにそこにあるもの、としてただ追認（ついにん）するだけなのだ。

どんな思想も日本人は、たいした自覚もなく受け入れてしまう。それだから思想は、極端に雑居性を帯びる。敗戦という大きな出来事も、状況を変えるには至らなかった。戦後はますます、日本人の思想が雑然とするばかりであると、丸山は現状を分析していくのだった。

続く「近代日本の思想と文学」の章では、もともと政治との関わりが薄い日本の文学が、政治性を帯びたプロレタリア文学の登場でいかに揺り動かされたかを記す。

さらには「思想のあり方について」で、文化の型を外に開いた「ササラ型」と、孤立に走る「タコツボ型」に分類。現代の学問はどんどんタコツボ型に傾いていると指摘する。

最後の章は、語り口調で展開される「『である』ことと『する』こと」。既存の地位にふんぞり返る「である」状態に安住していてはいけない。これからは、主体的に動く「する」状態を保つべしと説く。

民主主義国家の国民なら当然有していると思ってしまう「自由」についても、安穏（あんのん）としていてはいけない。国民は主権者であり自由を持っているが、主権者であることに安住して権利行使を怠っていると、いつのまにか主権者ではなくなっている事態だって、歴史上幾度も繰り返されてきたのだ。

いつだってものごとの原点に立ち返って考えること。時代や地域の異なる文化や事例に触れてそれを吸収するには、そうした姿勢が大切だと教えてくれる1冊だぞ。

読解力を強化するための3冊

英語の強化に勤しんでいた東大専門コースは、次いで国語の特別講師も招聘した。

その名も太宰府治だ。

多くの受験生は、国語なんて日本語だから何となく解けるだろうと思い込んでいるが、そうはいかない。

国語をマスターするには読解力が必須となる。小さいころから読書習慣のある人は身についているはずのこの「文章を読んで理解する力」、大人になってからだってちゃんと養うことはできるから安心しろ。

試しに天野と早瀬に、太宰治の短編『走れメロス』を10分で読んで100文字にまとめる課題をさせてみた。

しかし、これがみごとにできない。感想を書いてしまったり、的が外れていたりするのだ。

読解とは単に読むのではなく、文章を読んで頭の中で構造を築き上

げ、ブロック化するということである。そうすると全体像を把握できて、何が言いたいかをズバリ言い当てられるようになる。

ここで､読解力を自分のものとするのに役立つ本を紹介しておこう。

『論理トレーニング101題』野矢茂樹　産業図書

自分で論理的な文章を書こうとする場合には、何よりもまず自覚的に接続表現を用いるようにすることである。

論理的に考える力を身につけたいとは誰しも思うが、論理の力を伸ばすにはどうしたらいいかはなかなかわからない。そこで、論理の力をつける問題を、101問用意して並べたのが本書。

例題と解説、実践トレーニング、練習問題へと進むかたちをとっており､論理の力を完全自習して養えるようになっているのはうれしい。5つの章に分かれており、各章のタイトルがそのまま、論理的に考える際の注意点になっているのが秀逸だ。章題を順に並べれば、

「接続表現に注意する」「議論の骨格をつかまえる」「論証とはどのようなものか」「演繹の正しさ・推測の適切さ」「論証を批判的にとらえる」

である。なるほど、たとえば接続表現に目を向けるのは、論理とは言葉と言葉の関係において姿を表すものであって、そのつながりを明示するのが接続語だから。トレーニングを重ねて接続表現を読みこなしたり使いこなせるようになれば、おのずと論理に強くなれるのだ。

「批判」という手法を使うことも重要である。その表現の論理の強度を見極め、磨き上げるには、批判的に対象を捉えるプロセスが欠かせない。

批判的に対象を捉えるとは、相手を拒否したり、相手と対立するこ

とではない。対象をよりよく理解し、受け入れるためには、いったんその対象を厳しい批判にさらしてみるのがいいのだ。

議論に不整合なところはないか。説明不足な点はないか。飛躍はないか。根拠は確からしいか。全体の説得力はどうか。細かく厳しくチェックしていくことによって、自分の論理は必ずいっそうの磨きがかかるのだ。

「論理」と聞くと堅苦しくて難解な表現のことかと思ってしまうが、そうじゃない。
誰にとってもわかりやすいものこそが、論理的であるということだ。

『調べてみよう、書いてみよう』
最相葉月　講談社

読んで読んで読みまくってください。ノンフィクションでも小説でも漫画でもなんでもかまいません。その蓄積があなたをきたえてくれるはずです。

『絶対音感』『青いバラ』などで知られるノンフィクションライターが、読み書きの方法論を懇切丁寧(こんせつていねい)に説明してくれる。

小中学生向け読み物シリーズに入っている1冊だが、バカにするなかれ。あらゆる学びや教養の根幹となるのが読み書き能力。その基礎を順序立てて叩(たた)き込んでもらえるのだから。

自分でノンフィクションを1本書き切る流れに沿って、最相は記述を進める。真っ先にしなければならないのは、テーマの設定だ。

「テーマとは作者が強く言いたいこと、うったえたいことをいいます。テーマさえ決まれば作品の半分は完成したようなものだと私は思っています」

そんなに強く知りたいこと、言いたいことなど自分にあっただろうか……。戸惑ってしまうときは、こう自問すればいい。

「あなたには知りたいことがありますか？　人に伝えたいことがありますか？　会って話を聞いてみたい人はいますか？　記録に残しておきたい体験はありますか？　もしすぐに思い浮かぶならば、あなたはとてもラッキーです。それがあなたのテーマです」

テーマや知りたいことがはっきりしたら、調べものをどしどし進める。調べる方法はいろいろある。インターネットで検索、現場に行ってみる、対象を観察したり体験する——。だが基本は、本で調べること。

まずは国語辞典や百科事典で基礎を押さえ、そこから該当ジャンルの入門書、さらには専門的な書籍に挑戦する。本は同じテーマのものを複数読むことが大切だ。偏った見方に陥るのを防ぎ、通説を把握し、何がまだ語られていないのかを知るためである。

調べものを進めていく際には、ノートを１冊準備しておくのも忘れないようにすべきという。本を読むにせよインターネットを眺めるにせよ、得た情報、知識はとにかく１冊のノートに放り込んでいく。

びっしり書き込まれたオリジナルノートが、そのまま自分の知力と化すのである。

読んで書き、書いてまた読む。本書で紹介されているやり方にのっとって「読み書き」を習慣化すれば、知的基礎体力はバッチリ身につく。

『レトリック感覚』佐藤信夫　講談社学術文庫

発生期には説得術というあくまでも実用的な機能を担当するつもりでいたレトリックは、やがて自分にそなわるもうひとつの可能性に目ざめることとなった。それが、おおまかに言えば、芸術的あるいは文学的表現の技術という、第二の役わりである。

言語表現法のひとつである「レトリック」の成り立ちから活用法までを、1冊かけて精細に解説してくれる。

レトリックという単語は、昨今イメージがあまりよくない。ずる賢くごまかしをするために使う手法だろうといった、マイナスのイメージが強いのだ。

しかし本来は、ものごとのイメージをより正確なかたちで伝えるのに役立つよき道具なのである。

文学作品から例を挙げれば、

「ふと入り口のはうを見ると、若い女のひとが、鳥の飛び立つ一瞬前のやうな感じで立つて私を見てゐた。口を小さくあけてゐるが、まだ言葉を発しない」

太宰治『メリイクリスマス』の一節だ。若い女性の立ち姿を「鳥の飛び立つ一瞬前のやう」と例えるレトリック。これによって描かれている情景がくっきりと浮かんでくる。

言葉で事物を忠実に再現したり、言いたいことを正確に記述するのは、誰にだって難しいこと。言語は伝達ツールとして「使い勝手抜群」とは言い切れないのである。

だからこそ書き手はよりよく伝わるよう工夫を凝らすのだし、読み手はメッセージを受け取って理解するために努力の限りを尽くす。歩み寄ろうとする書き手と読み手のあいだをつなぐ便利グッズとして、レトリックは頻繁に使われているというわけだ。

本書では、レトリックが古代から重宝されてきたことを解き明かしたあと、レトリックの種類と活用法を細かく分類整理していく。「直喩」「隠喩」「換喩（かんゆ）」「提喩（ていゆ）」「誇張法」「列叙法（れつじょほう）」「緩叙法（かんじょほう）」といったものがあり、それぞれ特質や使いどころがある。ちなみに先の太宰治の例は「直喩」に分類される。こうした知識を頭に入れておくかどうかで、言語運用の質は大きく変わってくるはずだ。

レトリックをうまく読み解けるかどうかで、その文章の理解度は大いに変わってくる。読解力を高めたければ、レトリックを制することは必須だ！

日本語の豊かさを知る ための3冊

天野と早瀬には続けて、評論文を読み、構造化するレッスンを受けさせた。

いい評論文は必ず構造化がなされており、「同等関係」「対比関係」「因果関係」のいずれかの構造を持つ。

同等関係とは、言い換えのこと。2つの文章が「つまり」「たとえば」「このように」などの接続詞でつながっていれば、それは同等関係の文章だ。

対比関係は、反対の文章を並べて伝えたいことを強調している。「しかし」「一方」などの接続詞があれば対比だ。

因果関係は、文章のつながりで原因と結果を表す。「だから」「なぜなら」「その結果」などの接続詞を伴(ともな)う。

論理的とはつまりどういうことなのか。それは、筋道がしっかりしていることを指すのである。

日本語をよりよく理解し、人に読んでもらうに値する文章を書けるようになるために、次の本から学ぼう。

『球形時間』多和田葉子　新潮社

「みっともない」の「みっと」って、どういう意味？　うちのお母さんがよく口にする「もったいない」の「もった」と似ていて、変なの。もったいないとか、みっともない、とかさ。

ドイツ語、日本語、英語と、多言語で創作する作家による長編小説。

高校生のサヤは、同級生のカツオと淡い恋愛感情をやりとりしたり、時空をさまよう紀行作家イザベラ・バードと交流したりと、少々不思議な日常を送る。

タイトルからもわかる通り（「球形時間」→「休憩時間」？）、言葉の意味や響き、字面（じづら）に、サヤら登場人物はいちいち引っかかる。自分が発したり周りから聴こえてくる言葉について、きわめて強い関心を示すのだ。そのことによって、当たり前の状況がどんどん歪（ゆが）んでいってしまう。

サヤが喫茶店で出会う「イザベラさん」は、旅行の話をあれこれ聞かせてくれる。

「イザベラさんが乗って旅したその土地の馬は『ダバー』という品種で、イギリスの馬のように教育を受けていないから、よく、噛んだり蹴ったりした、と言う」

「ダバー」とは、おそらく「駄馬」のことか。単なる言葉遊びじゃないかと言われれば、その通り。だが、続々と繰り出される言葉遊びを浴びるようにして読んでいると、日本語の豊かさとふくらみのようなものが感じられてくる。

日本語の多彩さは、本書で実践されているような「遊び心」がもたらしているとも気づかされる。

日ごろ何気なく使っている日本語を、本書を読みながらいま一度見つめ直してみると、それがいかに彩り豊かなものなのかよく分かるだろう。

『陰翳礼讃』谷崎潤一郎　角川ソフィア文庫

日本の建築の中で、一番風流に出来ているのは厠(かわや)であるともいえなくはない。

文豪・谷崎潤一郎が戦前に著した随筆。短い文章の中に、日本文化の特質を見事に描き出している。

西洋文化が暗がりの排除に腐心してきたのに対し、日本の文化は陰翳(いんえい)を積極的に評価する。それどころかむしろ、その効果を生かすことに専心してきたところもある。

照明、建築、食べもの、芸能……。生活のあらゆる面に、日本人のそうした好みは現れている。

その実例を谷崎は、これもまた陰翳と味わいのある文章で書き留めていく。漆(うるし)の椀(わん)の深い黒についてはこのように。

「私は、吸い物椀を前にして、椀が微(かす)かに耳の奥へ沁(し)むようにジイと鳴っている、あの遠い虫の音のようなおとを聴きつつこれから食べる物の味わいに思いをひそめる時、いつも自分が三昧境(さんまいきょう)に惹(ひ)き入れられるのを覚える。茶人が湯のたぎるおとに尾上(おのえ)の松風を連想しながら無我の境に入るというのも、恐らくそれに似た心持ちなのであろう」

情景やもののありようを、ありありと読者の脳裏に浮かび上がらせてくれる。周囲の環境やそこに付随する感情を日頃からよくよく観察している小説家にこそ書ける文章だ。

随筆の最後に谷崎は、日本でも失われつつある陰翳を、自分が引き受けようとの覚悟を示す。

「私は、われわれがすでに失いつつある陰翳の世界を、せめて文学の領域へでも呼び返してみたい。文学という殿堂の檐(のき)を深くし、壁を暗くし、見え過ぎるものを闇に押し込め、無用の室内装飾を剥(は)ぎ取ってみたい」

と。その後に書くものをぜひ注視し、読み続けねばという気持ちにさせられてしまう。見事な「煽(あお)り」の文章だ。

読んだ人にどれだけ多くのことを想起させ、考えさせることができるか。そこに文章力のカギがある。日本語には日本語独特の輝きがある。それを文豪の文章から読み取れ！

『古今和歌集』　佐伯梅友（校注）　岩波文庫

花に鳴く鶯(うぐひす)、水に住(す)むかはずの声を聞けば、生きとし生けるもの、いづれか歌をよまざりける。

日本で最初の勅撰和歌集として10世紀に成立した歌集で、1101首を収める。

冒頭に仮名序(かなじょ)が付されており、これが歌論、文学論、文化論、言葉をめぐる思想として秀逸だ。書いたのは古今和歌集撰者のひとり、紀貫之(きのつらゆき)。冒頭は、

「やまと歌は、人の心を種として、よろづの言の葉とぞなれりける」

とある。和歌とは、人の心をもとにして、あらゆる言葉が紡がれ出されたものだという。

さらには、

「世の中にある人、事業、繁きものなれば、心に思ふことを、見るもの聞くものにつけて、言い出せるなり」

と続く。この世に生きる人はたくさんのものごとと関わりながら生きている。自分の心に思い浮かぶこともいろいろある。それらが、見るもの聞くものに託して、言葉となっていくのだ。このように、歌と言葉の起源が語られているのである。

歌のほうは、四季の歌と恋の歌が最も多い。

「久方の光のどけき春の日にしづ心なく花の散るらむ」

は、紀貫之によるもの。光ものどかな春の日にどうして落ち着く心もなく花は散っていくのか、と春の情景をうたい上げている。

日本語の美しさと豊かさのスタート地点を、実際の文章に触れて確認しておいて損はない。

人はなぜ歌を詠み、文を書くのか？　その理由と原理は、一千年の昔に確立していたのだ。仮名序から精神性を汲み取り、それぞれの歌で実践例を学んでいけば、日本語の達人になれる！

要約力を強化するための3冊

天野と早瀬には、すみやかに読解力をつけてもらわないと困る。国語のみならず、他の教科でも成績を一挙にアップさせるのに読解力は必須だからだ。

読解力をつけるにあたって、最も伸ばすべき具体的ポイントは何か。
「言い換える力」だ。
「これを言い換えよ」という設問は国語の試験で必ず出題されるし、他の教科だって事情は同じ。数学とは、与えられた問題文を数式で展開して解答するのだし、理科や社会は教科書で得た知識を、問いに合わせて言い換えて答えるものである。

つまり、だ。
「何が言いたいの？」
というのが、試験で問われていることのすべてである。

そして、結局は何が言いたいのかを問うのが、ジャンルを超えて学

問の基本なのだ。
ではここで、言い換える力を用いて、「読解力」という言葉自体を言い換えてみよう。太宰府先生はこれに答えて、読解力を「要約」という言葉に置き換えた。
読解力とは、文章を読んで、要約する力のことである。
要約上手になるための本を、ここに並べておく。

『ブルーピリオド』山口つばさ　講談社アフタヌーンKC

好きなものを好きっていうのって　怖いんだな…

矢口八虎（やぐちやとら）は成績優秀なうえに人付き合いもうまく、何でも要領よくこなす高校生。
美術の時間にふと「本当に好きなもの」を描こうとしたところから、絵を描く楽しさにハマってしまう。これまで抑え込んでいたワクワクする気持ちが湧（わ）き出て、八虎は美大受験というイバラの道を突き進む……というストーリーの長編漫画。
主人公・八虎の心は、「感情」を描き込む絵画と出逢ったことで、大きく揺れ動く。そうして状況ごとに移り変わる八虎の心の動きは、彼の描く絵に見事に反映されていく。そう、絵とは描き手の心を要約したものだということが、八虎の成長譚に則（そく）して表されるのだ。
最初に1枚の絵を真剣に描こうとしたとき、八虎は学校の先輩から、
「あなたが青く見えるなら　りんごもうさぎの体も青くていいんだよ」
と教わる。早朝の渋谷を「青い世界」として描き、「自分の絵」を完成させた八虎は、美術部に入る。描くたびに発見があり、1枚描くごとに脱皮する思いだ。

それまでだって、遊びも勉強も手を抜かずにやってきたのに、なにひとつ実感が得られなかった。それなのに、絵を描くとそれが人に伝わって、「初めて人と話せた気がした」と八虎は感じる。
「絵を描くようになって　見えてたはずの景色が　今までよりはっきりと見えるようになった　知ってるはずなのに　今まで何も知らなかったような気さえした」
描くことにのめり込んだ八虎は、東京藝術大学への進学を決意する。そうして、これまでにない強い感情に囚（とら）われるのだった。
「俺の心臓は　今　動き出したみたいだ」

ストーリーが進むと、八虎は苦心の末に東京藝術大学に現役合格することとなる。だが、入学してからも葛藤と成長は続く。絵とは何か？　自分が描く意味は？　と問い続ける日々。彼がそのときどきに描く絵から、この世の事象をどう要約すればいいのかコツを学べ。というのも絵を描くとは、世界を要約して画面に落とし込むことに他ならないからだ。

『小僧の神様』志賀直哉　新潮文庫

神様かも知れない。それでなければ仙人だ。若しかしたらお稲荷様かも知れない、と考えた。

出だしからして、
「仙吉は神田のある秤屋（はかりや）の店に奉公している。」
という一文には寸分の隙もない。続けて、
「それは秋らしい柔らかな澄んだ日ざしが、紺（こん）のだいぶはげ落ちたのれんの下から静かに店先にさし込んでいる時だった」

と、無駄なく速やかに、時節や舞台を明らかにする。

「小説の神様」と称されるのが志賀直哉である。とりわけ短編で省筆(しょうひつ)の冴えを見せてくれる。本作はその代表的な作例で、必要最小限の言葉によって鮮やかに物事を捉えるさまが堪能(たんのう)できる。これは俳句や短歌にも通ずる、日本美の基本形のひとつと言っていいだろう。

冒頭で示される通り、仙吉は秤屋の小僧である。あるとき耳に挟んだ大人の会話から、立ち食いの鮨屋(すしや)で鮪(まぐろ)をつまむことに憧(あこが)れを抱いた。

お使いで街に出たついでに、仙吉は思い切って、立ち食い鮨屋に立ち寄った。

店に入り鮪をつまもうとしたが、店主に「一つ六銭だよ」と言われ、スゴスゴと退散してしまった。

その様子をたまたま見ていたのが、若い貴族院議員のAだった。

しばらくしてAは偶然、仙吉のいる店を訪れた。仙吉を認め、「この小僧さんの手を借りたい」と連れ出した。秤を運んでもらった帰りがけ、お礼にご馳走(ちそう)するからと、仙吉は鮨屋へ連れられていく。好きなだけ食べてくれと言い残して、Aは去っていった。

この人は只者(ただもの)ではない、と仙吉は思う。なぜ自分の願いがわかったのか。神様か仙人か、はたまたお稲荷様かもしれないと思案するのだった。

滋味(じみ)あふれる古美術に触れるかのような、静的な美に浸れ。それがこれほどわずかな文字のみによって創り出されていることに感嘆(かんたん)せよ！　圧倒的な要約力、これが日本美の方法論だ。

『枕草子』清少納言　池田亀鑑（校注）岩波文庫

春はあけぼの。やうやうしろくなり行く、山ぎはすこしあかりて、むらさきだちたる雲のほそくたなびきたる。

平安時代に書かれた随筆の、「春はあけぼの」で始まる出だしは誰でも知っていることだろう。

書かれてから、かれこれ千年も経つというのに、いっこうに瑞々(みずみず)しさを失わないのは驚くより他ない。

新鮮さを保つ秘訣は、要約力にありだ。たとえば冒頭第一段、春に続いて夏のよさを挙げていくところ。

「夏はよる。月の頃はさらなり、やみもなほ、ほたるの多く飛びちがひたる」

夏は夜がいい。月の明るいころはもちろん、新月のような暗いころでも蛍が飛び交っていて好ましい、というのだ。

ほんの短い文章で、情景とそこに付随する情感を、余すところなく表現している。夏のいいところを極限まで要約できてしまうのは、ものごとの「キモ」となる部分を的確に捉えて、それだけを書いているから。

「これがいい、ここが好きだ」と言い切っているところも、表現の強さを増す要因である。自分の「好き」を明確にして、いつでも誰にでも表明できるくらいに、自分の世界観を確固として持つよう心がける。それが要約上手になるためのひとつの方法だ。

自分なりの視点を確立することが重要というわけである。くわえて清少納言は、視点をダイナミックに転換させる技量も際立つ。先ほどの夏の項で、月という遠い空の上にあるものへ意識を向かわせた直後に、蛍という近くにあるものへと意識を移す。この振り幅の大きさ。

また、第一段の冬の項では、
「火などいそぎおこして、炭もてわたるもいとつきづきし。昼になりて、ゆるくゆるびもていけば、火桶の火もしろき灰がちになりてわろし」
　とも。火を急いでおこして、炭をあちこちへ運ぶのも似つかわしくてよい。が、昼になり寒さが緩むと、火桶の火も白く灰がちになって興醒（きょうざ）めだという。対比を用いて、いいものをよりよく見せる効果をねらっているのだ。

どの一節を読んでも、卓越した要約力が発揮されているのが分かるはずだ。日本史上最高のエッセイストから、要約の「キモ」を学び取れ！

Part
3

人間力を高めよう！

集中力アップのための3冊

天野(あまの)と早瀬(はやせ)の「学び」は、まだまだ加速していかないといけない。

そのための一環として、脳の仕組みを絡めた指導もおこなった。

事実として言えば、人の脳には2種類ある。「努力できる脳」と「努力できない脳」だ。

この簡単な見分け方はこうだ。利き腕ではないほうの小指で、座ったまま机の上を21秒で100回叩(たた)いてみよ。

100回を達成できた、または100回に達せずとも時間切れになるまであきらめず取り組んだ人は、努力できる脳の持ち主だ。途中で「ダメだ、ムリ！」「いいや、もう」と全力を出すのを止めた人は、努力できない脳ということになる。

結果、天野は努力できる脳。早瀬は努力できない脳となった。

とはいえ早瀬が悲観することはない。これはどちらの脳が優秀かということを明らかにするものではない。そこにあるのはタイプの違い

であり、それぞれ自分に合った勉強法をとればいいだけの話だ。

受験はコツコツ努力できる人が圧倒的に有利。努力できる脳を持っているならアドバンテージを活かして、滞（とどこお）りなく計画を進めればいい。

努力できない脳の人は、それなりの工夫をしよう。このタイプは、自分が好きになったことには集中力を発揮する。受験勉強にハマれるよう、自分なりの仕掛けを導入すればいいんだ。

ここでは、脳と生命の仕組みを知って集中力を高める本を手にとろう。きっと学びを促進する力になってくれるはずだ。

『あなたの脳のしつけ方』中野信子　青春文庫

世の中には「生まれつき努力できる人」がいる一方で、「生まれつき努力できない人」もいること。努力できることは「才能」といえるのです。

自分で自分を律するのは、誰にとっても難しいこと。ならば脳科学の知見を使い、脳をしつけて、行動を変容させよう。脳科学者がその道筋をわかりやすく説いてくれる。

たとえば、集中力をつけるにはどうしたらいいか。もともと人の脳は集中しづらい構造になっている。生物として自分の生命を守るためには、外敵の接近など異常を素早く検知しなければならず、満遍（まんべん）なく環境全体に注意を払う必要があるからだ。

集中は途切れるものという前提で、気の散るものを目に入らないようにしたりと対策を練らなければならない。

他にも、どうしても記憶しておきたいことは、エピソードに変換して覚えておくこと。睡眠不足や恋愛状態にあると、自制心を鈍らせるのは明らかなので注意することなど、脳の仕組みから導き出された指南が具体的だ。

自分が努力できる人なのかどうかは脳の構造によって決まるので、判定が可能だともいう。報酬や成果を感じる脳の部分の働きが活発な人は、継続すること自体に重きを置く「努力できるタイプ」。この逆が「努力できないタイプ」であり、どちらのタイプかは、遺伝でかなりの部分が決まっている。

これはどちらがいい・悪いということではなく、自分のタイプを知って適切な対応をすればいいのである。

自分の脳をフル活用したいなら、その能力やタイプをよく知り、上手に運用しよう。
脳の機能を正しく理解し、集中力を極限まで高めていくのだ。

『皇帝の新しい心』
ロジャー・ペンローズ　林一（訳）　みすず書房

意識はあまりにも重要な現象であるので、それが複雑な計算によって「偶然」でっち上げられたものであるとは、私には思えない。

英国を代表する数学者・理論物理学者が一般向けに書いた科学読みものだが、刊行された1989年当時の最新の思想書としても読まれ、多くの議論・論争を巻き起こすこととなった。

副題に「コンピュータ・心・物理法則」とある通り、コンピュータが心を持ちうるかという問題をとっかかりに、数学、古典物理学、量子論、宇宙論、脳科学へと著者は分け入っていき、人の「心」の正体をあぶり出そうとする。

難解な数式が並ぶページが多いものの、そこは横目に見ながら読み進めていけばいい。すると膨大（ぼうだい）な思考と検証、証明の果てに、ペンローズが築いた壮大な構想が浮かび上がってくる。

彼によれば人の意識のありようを理解することは、ビッグバンから始まりビッグクランチ（大壊滅）へと至る宇宙の全歴史を理解することにさえつながるという。

つまり、この世界のすべてを知るカギは、人の意識にこそありということ。

意識の重要性を強調するペンローズは、人間の思考はコンピュータのそれとは違うと主張する。どれほどテクノロジーが発達して機械が複雑な計算をこなすようになっても、それが人に追いつき取って代わるとは思えないという。

そうしてペンローズは言う。人が知りたいと思うことはいつだって、子ども時代に発した素朴な疑問、「死んだあとの自分の意識の流れはどうなるの？」「生まれる前には自分の意識はどこにあったのか」などに戻っていく。それらに答えるには、意識の理論が必要なのだと。

考えられないほど幅広い知見を縦横に駆使しながらも、人間味あふれる思考の型を保ち続ける。著者のような存在こそ「真の知識人」と言えよう。
脳や意識のしくみをきちんと知ることは、集中力をはじめ自身の能力アップへとつながる。

『生命とは何か』
シュレーディンガー　岡小天＆鎮目恭夫（訳）岩波文庫

物質代謝の本質は、生物体が生きているときにはどうしてもつくり出さざるをえないエントロピーを全部うまい具合に外へ棄てるということにあります。

原子物理学の基礎を築き、量子力学を打ち立てた著者が、考察の対象を生命に向けた。「生命とは何か」という壮大なテーマについて、物理と化学による説明をほどこしたのが本書となる。

彼が立てた問いは、こうだ。

「生きている生物体の空間的境界の内部で起こる時間・空間的事象は、物理学と化学とによってどのように説明されるか？」

なるほどたしかに20世紀前半あたりまでは、生命現象というのは、物理法則を超越した何らかの力が関与している「特別なこと」なのかもしれないという考えもあった。が、シュレーディンガーはそれを打ち消す。生物体の働きには正確な物理法則が必要であると、本書で明示したのだ。

シュレーディンガーは物理と化学によって生命の仕組みの細部に分け入り、丁寧に解説を試みる。出てくる数式などをすべて理解するのは骨が折れるが、論の筋道だけでも追っていけば、おぼろげに彼の提示する生命の姿が浮かび上がってくる。

とりわけ、生物体は「負エントロピー」を食べて生きているのだという指摘には目を見張る。

この世のあらゆるものごとは、エントロピーが増大し続ける流れの中にある。絶えず秩序から混沌へと向かうということだ。生物体もエントロピーを増大し続け、それが最大になると死を迎える。

そうならないで生きていく唯一の方法は、周囲の環境から食事などによってエネルギーを得て物質代謝をし、秩序を取り入れエントロピーを体外へ排出すること。そうしてエントロピー最大化を多少なりとも遅らせているのである。

エントロピー増大の進展をほんの束の間、留めおく。科学の側から眺めると、生命の正体とはそんなひとつの現象だということになるのだ。

読むだけで生命のイメージがガラリと変わる。ひとつの生命体である自分自身の能力を高めるためのヒントは、本書の中に詰まっている。
一読、先に取り上げた福岡伸一『動的平衡』との共通点も見出せる。シュレーディンガーから福岡へ。知識や学問はこのように継承され、発展がはかられていくのだ。

「公共」精神の重要性を知るための3冊

東大専門コースの担任は水野直美だ。彼女は天野と早瀬の「メンタルのブレ」を問題視した。「努力できる脳・できない脳」のチェックをする程度で、気持ちが大きく揺れ動いてしまうようではダメなのだ。

ふたりを根本的に鍛え直すために水野が企画したのは、1日16時間の勉強を課す「地獄の合宿」。

合宿を張るのは構わない。ただし猛勉強を押し付けるやり方は違う、とオレは水野に釘を刺しておいた。

もうそういうやり方が通用する時代じゃない。過酷な状況を乗り越え成長するという概念は古いのだ。

最良の環境でポジティブにトレーニングして、能力を存分に高めるというのが、今のやり方だ。

時代によって人の価値観は変わるものだと、指導する立場にいる者ほど知っておかなければならないんだ。

ただ、いくら時代が変わったからといって、守るべき秩序がなくなるわけじゃない。

以前とは異なる、今の社会に必要とされるルールが存在するようになったというだけだ。

人はどうルールを生み出し、お互いを律するのか。人の世にはなぜルールが必要なのか。思考力を鍛えるには、そういうことをいつも考えておかなくてはいけない。

「公（おおやけ）の精神」とでも言うべきものについて、考えを深める本を以下に用意した。

『これからの「正義」の話をしよう』
マイケル・サンデル　鬼澤忍（訳）
ハヤカワ・ノンフィクション文庫

正義をめぐる古代の理論は美徳から出発し、近現代の理論は自由から出発する。

あなたは路面電車の運転士である。高速運行しているとき、前方の線路上に５人の作業員を認めた。ブレーキがきかず電車は止められない。ふと右側へそれる待避線が目に入った。そこにも作業員がいるが、こちらは１人だけだ。この瞬間、あなたはどうすべきか？

正義をめぐる議論でよく持ち出される問題である。

他にも、金持ちには高い税金を課して貧しい人たちに再分配するのは公正かどうか。

前の世代が犯した過ちについて、同じ共同体に属する現世代は償（つぐな）う義務があるかどうか、などなど。

社会生活を送るうえで直面し、決まった正解はないが何らかの決断を下さねばならないことは多々ある。

こうした問いに、思想家たちはどう取り組み、解を導こうとしてきたのか。ハーバード大学での人気講義でも名高い著者が、丁寧に議論を進めていく。功利主義の原理を確立し「最大多数の最大幸福」を唱えたベンサムに、同じく功利主義の立場だが自由を重んじるジョン・スチュアート・ミル。道徳哲学を唱えたカントや、「無知のベール」という平等の原初状態を仮想して論を張るロールズ。

著者は議論を３つの流れに整理する。①正義は功利性や福利を最大限にすることを意味するという立場。②選択の自由を尊重する立場。③正義には美徳を涵養（かんよう）することと共通善について判断することが含まれるとする立場。

サンデル教授は、自身が支持するのは③であると明示する。現代においては、正義という概念がカバーする範囲はますます広くなっている。正義を実現するには、自由と責任を高度に併せ持つことが必要というのである。そうしてサンデルは、

「正義は、ものごとを分配する正しい方法にかかわるだけではない。ものごとを評価する正しい方法にもかかわるのだ」

とする。正義について考えることは、これからますます重要度を増していきそうだ。

常に矛盾に満ちていて、板挟み状態ばかりというのが世の常。どう切り抜ければいいか知恵を絞って解決策を探る、それがそのまま「正義」や「公共」を学ぶということになるのだ。

『正義のアイデア』
アマルティア・セン　池本幸生（訳）　明石書店

我々は正義を促進し、不正義を抑えるという問いに答えることができるか。

経済学者にして哲学者・思想家である著者が、正義という問題についてあらゆる角度から考察していく。

正義とは何か、それはどう見出され促進されていくかは、とりわけ20世紀以降に大きく取り上げられるようになった思想的なテーマだ。

正義を論ずる場合には、まず客観的でなければならないし、普遍的な視点も必要となる。著者は、先行研究たるアメリカの哲学者ロールズの「正義論」をベースに批評的な考察を進めていく。ロールズの遺産を受け継ぎつつ、そこに付け足しをしていく。知を扱うときの基本姿勢を感じ取っておきたいところだ。

本書で強調されるのが、ケイパビリティ・アプローチという考え方である。

正義や自由を実現するには、個人の暮らしやふるまいに目を向けなければいけない。正義や自由とは個々人のためにあるものだから。

では個々人の活動のどこに着目するか。各人が自分の能力を充分に発揮できる環境づくりが大切だ。ひとりひとりのケイパビリティ（能力）を高めていくことが何より重視されるべきなのである。

正義や自由は、ひとりひとりの生活の質に寄与しなければ意味がないと説く著者の「アイデア」は、ひじょうに実用的なもの。学問や研究が、我々の日常とちゃんとつながっていることを、実感させられる。

すでに練り上げられた「論」だけが展開されるのではなく、著者がテーマについて考えを深めていく過程が書かれている。人肌の温もりを持ったストーリーとして読めるのが本書の美点だ。
公の利益を確保するにはまず個人に着目せよという逆転の発想に、目を開かされる。

『自由論』
J・S・ミル　塩尻公明&木村健康（訳）　岩波文庫

自由の名に値する唯一の自由は、われわれが他人の幸福を奪い取ろうとせず、また幸福を得ようとする他人の努力を阻害しようとしないかぎり、われわれは自分自身の幸福を自分自身の方法において追求する自由である。

19世紀前半の英国では、社会と市民意識が急速に発展した。経済的・政治的自由が誰にでも保障されるべし、との要請も高まっていた。

そんな社会の動きに応えるかたちで書かれたのがイギリスの哲学者ミルの『自由論』だった。人間は他人に危害を及ぼさないかぎり、どんなことをするのも自由だとミルは明言して、これを自身の思想の基本原理とした。

個人の自由に対しては、政府が介入することは許されない。個人が社会から制限を受ける唯一の行為は、他人に危害を加えてしまったときのみ。つまり他人を害しなければ、人は何をするのも自由であり、心身についてみずから主権を持っているということを主張した。

個人の自由と独立を守るために当然必要になるものとして、ミルは

「思想および言論の自由」も保障されるべきとする。

　意見の発表が妨げられるようなことがあってはならないし、どんな言説にも反対意見や批評がいつでもぶつけられるような状況が必要だとも言う。

「その意見がいかに真理であろうとも、もしもそれが充分に、また頻繁に、且つ大胆不敵に議論されないならば、それは生きている真理としてではなく、死せる独断として抱懐されるであろう」

　論を激しく闘わせてこそ、個々の意見は普遍的な「知」になっていくのだ。

高く掲げられたミルの理想は、現代においてどれほど実現されているか改めて考えてみるといい。我々の社会はまだまだ道半ばだということに気づかされる。

よき「大人」になるための3冊

　東大専門コース担任の水野には、よく言っておいた。自分の成功体験や基準でものごとを考えるな。今の子どもには彼らの価値観がある。それを認めて見守ることが、何かを押し付けるよりもずっと大切なんだと。

　認めて、信じる。

　子どもに対して大人ができることなんて、その２つだけだ。

　自主性を尊重し、個人の裁量に任せ、「自由」の使い方を知る。子どもをそう仕向けようということだ。

　ということは、だ。「自主性」「責任を持って裁量をふるう」「自由を正しく使う」ということができて初めて、大人として認められるのだとも言えるな。

　独立した大人とみなされるにはどうしたらいいか。必要な要素を考え直す本を、以下に見ておこう。

『人間の本性について』
E・O・ウィルソン　岸由二（訳）　ちくま学芸文庫

我々には特別の目的地など無いということなのだ。

もともとはアリやハチといった社会性昆虫の研究で広く知られた著者は、人間社会のありようにも分け入ろうとして、「一般社会生物学」を提唱することとなった。

人間の究極的な本性を、いかなるものと考えるべきか。そんな問いを立てたとき、動物学者である著者はこう考える。

人間の心というものの本性は、生存と繁殖のためのひとつの装置である。

そして理性とは、心という装置が持っている機能のひとつに過ぎない、と。

社会性生物の研究から得られた理論に当てはめると、人間の社会行動が遺伝的に決定されているのは自明だとする。

となると、ヒトという種を特徴づけているあらゆる衝動、愛情、自尊心、怒り、希望、気づかいといったものがなぜあるのかといえば、同じ人生のサイクルを子孫たちが繰り返してゆくのを確実に手助けするため。

もちろん人間社会には、生物学的遺伝とともに文化的遺伝もある。この２種類の遺伝経路をたどって、人はここまでの進化を遂げて、今の世界がある。

著者は幅広い知見を総動員して、人間という不思議な生きものについて新しい見方を提示してくれている。

人が生きるうえで「我々には特別の目的地など無い」というのは、なかなか大胆かつ割り切った考え方だ。
生物としてはそう規定されていることを受け入れたうえで、では「私」は何を大切に思い、どう生きるかを考える。それが大人の態度というものだ。

『人間の条件』
ハンナ・アレント　志水速雄（訳）　ちくま学芸文庫

労働 labor とは、人間の肉体の生物学的過程に対応する活動力である。
仕事 work とは、人間存在の非自然性に対応する活動力である。
活動 action とは、物あるいは事柄の介入なしに直接人と人との間で行なわれる唯一の活動力である。

独自の政治哲学を打ち立てた20世紀の思想家の代表的著作がこれ。アレントが本書で目指すのは、「人間の条件」と呼ぶべきものの、最も基本的な要素を明確にすること。つまりは、人間を人間たらしめているものの根源を探ろうというのだ。そこでまずアレントは、人間の活動的生活を「労働」「仕事」「活動」の３つに分けて考える。

ここでいう労働とは、いわゆる肉体労働のようなイメージか。仕事というのは、その人固有の表現活動のようなもの。活動とは、その瞬間ごとのパフォーマンスであり、たとえば「笛を吹く」といった行為がそれにあたる。

「労働」「仕事」「活動」という３つの活動力は、西洋の歴史上どんな変遷を経てきたのか。

古代においては「活動」が重視されたが、次第に「仕事」が強く主張をし始める。近代になると、「労働」が優位となる。

「労働」の勝利は何をもたらしたか。「世界」が丸ごと消費の対象になってしまった、それが現代のありようであるとアレントは指摘するのだ。

アレントは、「労働」「仕事」「活動」という3つの活動力の優劣や、どれが好ましいかという価値判断をしていない。だが、「労働」のみが突出する現代ははたしてバランスのいい世界だと言えるかどうか。

一読、世界のありようと自分の身のふり方はどうあるべきか、ひとりの人間としてどうしたら立派になれるかと、己を深く省みたくなる。

『リヴァイアサン』ホッブズ　水田洋（訳）岩波文庫

技術によって、コモン－ウェルスあるいは国家（ステート）（ラテン語ではキウィタス）とよばれる、あの偉大なリヴァイアサンが、創造されるのであり、それは人工的人間にほかならない。

人は元来、自分の好むことを自由にする権利を有している。

ただ、各人が他を顧みず思うがままふるまっているうちは、人びとは互いに「戦争状態」にあると言っていい。「私の自由にしたいこと」が、「あなたの自由」を侵害する恐れが常にあり、逆もまたいつだってあり得るからだ。

だから人は、自分たちの自由に対して、ある制約を設けた。「あなたがなされるのを欲しないことを、他人に対して、してはならない」

という取り決めだ。これを、個人を包摂する国家が法として定め、運用する。そういう状態をつくり出したのが近代社会である。

ひとりひとりの自由が保障される道筋をイチから説き起こしたのが、英国の思想家ホッブズによって1951年に著された『リヴァイアサン』となる。

ホッブズは本書でまず、国家の素材となる人間の分析をおこなっている。人間性を、喜び、苦痛、恐怖など、基本的な情念に分類し、その組み合わせによって人の行動が表せると考えたのだ。そうした人間の分析からホッブズは、人間による国家形成への道筋を見出す。

心身の諸能力において平等な人間は、それぞれ自身の生命を維持するために、彼自身の意思する通りに、彼自身の力を使用する自由を持つ。そんな自然権を有する人間は、自然状態のままでは戦争してしまうことになるという矛盾を抱える。

そこから脱却するために人は、諸情念と理性に導かれて、社会契約によって国家をつくるのである。このとき、理性が教えるところに従って、あらゆる法に先んずる自然法もおのずと生まれてくる。

こうしてホッブズは人間論から国家論へと話を進めていくのだ。現在の国家、法、社会が成り立っている原理は、ひと通り理解しておくべきである。

考えてみれば本来なら、自分たちが依って立つ社会のありようとその仕組みくらい、スラスラ説明できなくてはおかしいではないか。
それができてこそ、自由や権利や義務を語り、主張することだってできようというものだ。

「暗黙知」を獲得するための3冊

少しずつ自主的に勉強できるようになってきた天野と早瀬は、数学にも本格的に取り組み始めた。

だが、ちょっと問題をやらせてみるとすぐに気づく。基礎がまったくわかっていないのだ。

だから数学に対する漠然(ばくぜん)とした苦手意識をいつまでも引きずっている。

こんなときは、原点に立ち戻るしかない。確実にわかっていると言える段階まで戻って、学びなおすのだ。

そこでふたりには、小学２年生の計算問題からやらせることにした。

数の勉強をし始め、九九を暗記するあたりのこの年代の勉強内容は、たいへん重要なのだ。

ごまかさずここでしっかり基礎を身につけると、「数の暗黙知(あんもくち)」が得られる。暗黙知とは、自転車の乗り方のように、経験や勘によって

できるようになっているけれど、その仕組みを言葉では説明しづらい知識のこと。
　暗黙知についてもっと知るための本を以下に並べよう。

『問いのデザイン』
安斎勇樹&塩瀬隆之　学芸出版社

創造的対話を通して企業、学校、地域における問題を解決していくためには、当事者たちの衝動を掻(か)き立てる課題を設定すべきだと考えています。

　ゆるやかな学び合いの場としてこのところ、ワークショップという手法が盛んになっている。職場、教育現場、地域やその他のコミュニティで、課題解決と交流促進のために用いられるようになっており、各方面で成果を上げている。
　そうした創造的対話の場をつくっていくための方法を教えてくれるのが本書。うまくワークショップを運営していくためにポイントとなるのは、どのように「問い」をデザインするかだ。
　よき「問いのデザイン」をするためには、まず「課題のデザイン」をすべきである。問題の本質を捉(とら)え、解くべき課題をしっかり定める必要があるのだ。自分本位になったり、ネガティブで他責感のある課題設定となってはいけない。続いて、「プロセスのデザイン」にも気を配る。場をつくる立場にいる者は、適切な問いを投げかけ、創造的対話を促進するよう努めるのだ。
　見事にデザインされた問いは、創造的対話のトリガーになる。問いが人の思考と感情を刺激し、集団のコミュニケーションを誘発して、関係性が再構築されていく。

結果として、導かれる答えは格段によくなって、これまでにない視点と学び、創造をもたらしてくれるのである。

よき「問い」こそが成果と創造を生むのだ。小さいころの勉強は「答え」を言い当てられればオーケーだったかもしれないが、ある時点からは「問い」自体を生み出すことが求められるようになるのだ。

『暗黙知の次元』
マイケル・ポランニー　高橋勇夫（訳）　ちくま学芸文庫

私たちは言葉にできるより多くのことを知ることができる。

科学者として出発し、のちに哲学を探求していくことになった著者が、人間の知のありようをイチから再考した。そこで浮かび上がってきたのは、言語の背後にあって言語化されない「知」があるという事実。これがすなわち「暗黙知」である。

たとえば人が誰かの顔を知っているというときは、たとえ100万人の中からだってその１人を見分けられる。名医が病気を診断するときもそう。「こういう症状と理由からこの病気の疑いあり」と理論的に結論づける前から、病（やまい）の所在にあたりをつけられる。

結論を下し正解を導けるが、いったいどのようにそうしたのかはよくわからないようなことは多い。知は言葉より先に、暗黙のうちに形成されるのだ。

暗黙知とは言葉に頼らぬ知のありようのこと。つい忘れてしまいがちだが、我々は身体を活用することでかなり多くの知を獲得している。

身体をこそ、外界認識のための究極の道具として用いているのである。
暗黙知が果たす役割の大きさに絡めて、ポランニーはこう述べる。
「もしも暗黙的思考が知(オリッジ)全体の中でも不可欠の構成要素であるとするなら、個人的な知識要素をすべて駆除しようという近代科学の理想は、結局のところ、すべての知識の破壊を目指すことになるだろう」
暗黙的知識を排除して知の体系を築こうとしても無理であるというのだ。たとえばカエルについてどんなに高度な知見を披露したり議論をしたりするにしても、まずはカエルというもののイメージを暗黙知によって了解していなければ話は進まないわけだから。
暗黙知は我々の日常の知覚、学習、行動を支えるのみならず、「生」を絶えず更新し、よりよくしていこうとする原動力なのだ。

言語の背後にあって言語化されない知、それが暗黙知というものである。普段はなかなか意識できないこの暗黙知を顕在化(けんざいか)させて、常に意識するようになれば、学びの効率は格段に上がる。

『オリエンタリズム』エドワード・W・サイード
今沢紀子（訳）平凡社ライブラリー

オリエントは、ヨーロッパの対話者ではなく、そのもの言わぬ他者なのであった。

広く社会で常識とみなされていることは、どれほどの根拠と正しさのもとで成立しているのか。ひょっとすると単なる思い込みや悪しき慣習に過ぎない場合も多いのでは。歴史的事象のなかから、そうした格好の例を見出し、論じているのが本書だ。

誤解に満ちた理解のされ方をしてきたのは、「オリエンタリズム」という概念。ヨーロッパから見て東方を指す地域とその文化のことは、古くから欧州人の関心を強く惹いてきた。

とりわけ18世紀末、欧州がみずからの文明に自信を持ち始めたあたりから、オリエントへの注目は俄然高まった。オリエンタリズムの根底には、東洋と西洋を厳然と区別する考えが横たわっている。自分たちとは異なる変わったものが、外部にはある。そう強調することで、みずからのアイデンティティを形成・強化してきたのだ。

「オリエンタリズム」の考えのもとで東洋は、古き佳き独創的な世界として想定されるのだが、同時に、自分たちより遅れ劣っている「紛うことなき他者」との見方も定番化する。

19世紀に『自由論』を書いて、自由と人権を説いた哲学者J・S・ミルでさえ、インド人は文明において劣っているので自分の意見をインドに適用することはできないと著書に記しているくらいだ。

オリエンタリズムと同じ構造を持つ考えは、時代や地域を問わず存在し続けている。ゆえにサイードは主張する。他者を抑圧したり操作したりするのではない自由擁護の立場に立って、異種の文化や異種の民族を研究することが可能であるか、常に問いかけねばならないと。

そのためには、知識と権力という問題について、全面的に考え直してみる必要があるのだ。

「オリエンタリズム」的なものは、21世紀を迎えた現在の世界にだって、当然のように忍び込んでいる。暗黙のうちに受け入れてしまっているものを、ときに精査・点検することは必須だ。

自分の美学を確立する
ための3冊

数学の勉強を本格化させるため、オレは合宿の場に特別講師を招いた。

柳鉄之介（やなぎてつのすけ）先生だ。高齢の彼のやり方は、いわゆるスパルタだ。時代の変化なんて関係なく、詰め込み、鍛えまくる。

柳先生はこう言い切る。

「今の若者は熱中することをカッコ悪いと思っている。競争を嫌い、そこそこの人生で満足しようとする。ベストを尽くさず、トップを狙わない姿勢など間違っている！」

賛同するかどうかは自由だが、数学を短期間でマスターするには、ある程度のスパルタ式が効果的なのは間違いない。これに取り組むかやめておくか、選択は自分ですればいい。

天野と早瀬にはそうけしかけた。彼らはみずからスパルタ式に乗ることを決めた。

時代の流れを読んでおくことも大切だが、その流れに乗るのか乗らないのか、決めるのは自分だ。そこを決断するには、自分なりの生きる方針、哲学、美学がモノを言うこととなる。

自分の美学を磨くためには、これらの本を押さえておくのがいい。

『フェルマーの最終定理』
サイモン・シン　青木薫（訳）　新潮文庫

四六時中、頭の中にはいつもこの問題がありました。朝はそのことを考えながら起き出し、一日中考え続けて、ベッドに入ってもまだ考えていました。同じことばかりぐるぐると考え続けていたのです。

17世紀にフランスの数学者フェルマーが書き残した「フェルマーの最終定理」。この証明を成すことは長年、数学者たちの夢だった。20世紀も終わりを迎えようとするころになって、とうとうイギリスの数学者アンドリュー・ワイルズが解へと迫ることとなる。

本書の冒頭は、ワイルズが大学の講義で定理を解き終えんとするときの描写。そこから話は数学の歴史へと移り、ピュタゴラス、オイラー、ガウスら天才たちが、いかなる苦心のなかから新しい理論をつくり上げてきたかが語られていく。

長い数学的探究の歴史の末に、20世紀のワイルズがいる。フェルマーの最終定理の存在を知ったときから、自分が取り組み、解き明かすべきものだと悟り、数学界の最難問と格闘してきたのだった。

努力は見事に実を結んだ。フェルマーの最終定理の解法を披露する講義が開かれることとなり、場面は本書冒頭シーンへと戻っていく。

まるで美しき映画のような構成だ。これがすべてノンフィクションなのだということに驚かされてしまう。

真理を求めることを人生で唯一の目的とした男の軌跡は、物語として目が離せないほどワクワクさせられると同時に、生きる姿勢をそのまま見習いたくもなる。

「知」の解明にすべてを懸(か)けた数学者たちの姿は美しい。あまたの天才たちをトリコにしてきた数学的「美」の深遠は、畏(おそ)れすら感じさせるものだ。

『判断力批判』カント　篠田英雄（訳）　岩波文庫

美は、概念にかかわりなく普遍的に〔すべての人に〕快いところのものである。

『純粋理性批判』『実践理性批判』に続く、カントによる第三の主著がこれ。1790年に刊行されている。

『純粋理性批判』では数学と自然科学の原理を通して、悟性(ごせい)、すなわち感性や認識に関わる議論をしている。『実践理性批判』は理性、道徳や自由の問題を扱っている。では３冊目の『判断力批判』ではどんなことにスポットを当てているか？　『純粋理性批判』と『実践理性批判』をつなぐものが提示されていると考えていい。

それは、美や芸術という問題である。

カントは美についてさまざまな角度から考察を加えていく。なにごとかが美か否かを判別する場合には、論理的判断ではなくて快・不快の感情に基づく美学的判断がなされる。つまり美は、個人の趣味によって判断されるのだという。

「いやしくも美に関する判断にいささかでも関心が交じるならば、その美学的判断は甚しく不公平になり、決して純粋な趣味判断とは言えない」

美しいものとは、何かの目的のために存在しているのではない。目的はないけれど、何らかの理に適った形式は持っている。つまり美とは、目的なき合目的性である。

こうした美にまつわる直感的判断力が、悟性と理性を結ぶカギだとカントは考えたのだった。

詩、絵画、彫刻など、さまざまな芸術形態の持ち味についても、カントは鮮やかに整理し、明らかにしていく。何らかの表現活動をする人、またそれらをよりよく享受したい人にとって、考えの素となる言葉がたっぷり詰まっている。

『ラオコオン』レッシング　斎藤栄治（訳）岩波文庫

時間的継起は詩人の領分であり、空間は画家の領分である。

ラオコーン像とは紀元前に造られた彫像。苦痛に顔を歪めるラオコーンの姿を中心に据えた迫力ある名作で、1506年にローマで発掘された。18世紀ドイツ啓蒙主義の詩人・批評家であるレッシングがこの像を題材に、絵画や彫刻などの造形美術と文学の相違を明らかにする。

レッシングが着目したのは、造形美術が対象の瞬間を捉えようとするのに対し、文学は継時的であるというところ。

造形美術では、いちど固定したら動くことのない「ブツ」をつくらねばならぬという物質的な条件がある。それゆえ表現するものは、「ある唯一の瞬間」に限られる。ある一定の時間が流れる「展開」を見せる文学とはそこが大きく異なる。

ということは、いかに有効な瞬間を捉えるかが、造形美術においては重要となる。ラオコーン像を例にとると、ラオコーンは蛇に絡みつかれて苦悶の表情を見せている。このあと絶叫し痙攣(けいれん)する劇的な場面が来るだろうに、なぜそこを描写しないのか。

レッシングいわく、ピークの状態は描写の効果を最大にするにあたっては最も不利な瞬間である。というのも観る側の想像力は、ピークの瞬間以上のものを思い描けないから。

「ラオコオンがうめいているのならば、想像力は彼の叫び声を聞くこともできるが、もし彼が叫んでいるのだとすると、想像力はこの表象から一段高く昇ることもできなければ、一段低く降りることもできない。おもしろみの少ない状態においてラオコオンを見ることになる」

最も効果的な瞬間を捉えれば、その造形美術は、見れば見るほど思いが深まるようなよき作品になるだろうというのである。

表現のジャンルごとに、得意な表現の型というものがあるとレッシングは説く。
美しいものに触れたときは、その美しさの源泉がどこにあるのか、分析的なまなざしも注(そそ)ぐのがいい。批評的視点を持つことで、対象への理解はぐっと深まるものだ。

青春の意味を考える
ための3冊

数的な基礎代謝をあげる、つまりは数に馴(な)れて数を使いこなせるようになるため、天野と早瀬には競わせながら計算問題に取り組ませた。

最初、早瀬は天野に計算スピードで敵わない。理系の天野と競わせるなんてズルい、と愚痴(ぐち)を言う早瀬には、それは違うとはっきり言っておいた。

いったい誰と闘っているのか。受験勉強は自分との闘いだ。人との競争に勝った負けたと騒ぐ前に、自分に立ち向かって自分に勝て。

受験においてもそうだし、若いうちには自分と闘う体験をできるだけ繰り返したほうがいいのだ。青春と呼ばれる時期にするべきこととは、それに尽きると言ってもいい。

青春という特別な時期の貴重さを、もっと自覚すべきだ。青春時代をどう過ごすべきか、よくよく考えるための本がこれだ。

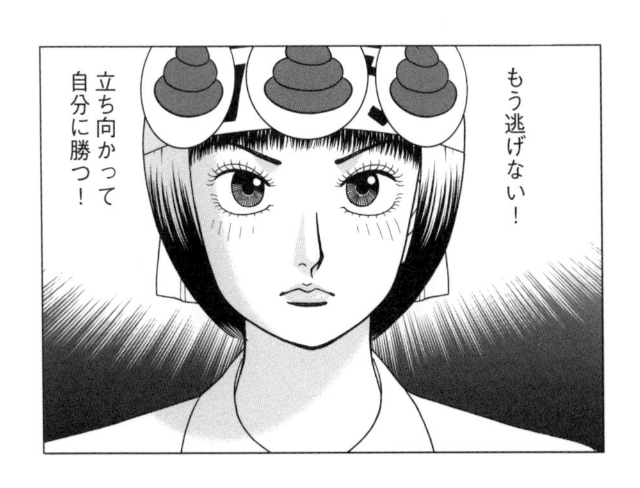

『スラムダンク』井上雄彦　集英社ジャンプコミックス

オレたちは強い!!　そのとーり!!

この作品世界に憧(あこが)れ影響を受け、ともに成長してきたと言う人は相当の数に上るであろう、スポーツ漫画の金字塔だ。

湘北高校に入学した桜木花道(さくらぎはなみち)は、究極のお調子者だが、ガタイのよさと身体能力の高さだけはホンモノだった。同じ1年生の赤木晴子に恋焦(こ)がれ、彼女の兄・剛憲がキャプテンを務めるバスケットボール部に入部する。

いちど決めたら全力でことにあたるのが桜木流。ケンカや恋路などあれこれ横槍は入るものの、

「オレはバスケットをやる」

「バスケットマンだからだ」

などと言って、桜木はことごとく突っぱね、バスケットボールが上達することとチームの勝利に邁進する。

キャプテンから「バスケットでは、リバウンドを制する者は試合を制す」と教えられれば、愚直に練習を積み重ねて、いつしかリバウンドを拾う名手となってしまう。

勝つために必要なのはチームプレーだと知れば、チームメートとの連携に磨きをかけたり。

「流川といい桜木といい　こいつら…　どんどん変わっていきやがる…!!」

と周りから言われる通り、急速な成長を見せる。多くの読者は、桜木花道と自分を同化させて、読み進めるのだ。

ライバルにして相棒の流川楓や、強烈な個性を持った対戦相手など、バスケットボールで高みを目指す者たちと切磋琢磨する桜木花道の姿を、目に焼き付けよ。
仲間とともに高みを目指すこと。そのためには黙々と個人的な修練を積み重ねなければいけないこと。個人で努力を続けるには周囲の支えが必要になること。そうした「個」と「全体」の支え合いが結果と喜びを生み出す仕組みが、見事に描き出されているのも本作の特長だ。「青春のバイブル」とするのにピッタリだな。

『深夜特急』沢木耕太郎　新潮文庫

私は乗合いバスに揺られてここまで来た。乗合いバスがここまで連れてきてくれたのだ……。

デリーからロンドンまで、乗合いバスで行こう。そう思い立った「私」は、仕事を投げ打って旅に出た。

ユーラシア大陸を放浪する２万キロの旅を、私的な視点から描いたノンフィクション作品。世界を放浪する「紀行もの」はドキュメンタリーの定番だが、その原型をつくったのはこの本だ。

日本から香港へ渡り、バンコクやシンガポールを経て、「私」はなんとかインドへ入る。そこは生と死が隣り合わせるまさに異文化の地。「私」は価値観を揺さぶられながら、シルクロードを西へ西へ。トルコからギリシャ、ポルトガルなどへ立ち寄りながら、ロンドンへたどり着く。

膨大な出会いと別れを含む旅は、「私」にとってまるで人生を凝縮したような体験となった。「私」のように実地に体験するのが一番だろうが、誰しも同じことができるわけじゃない。せめて旅のエッセンスをお裾分けしてもらおうと思うなら、やはり本というかたちは最適だ。1行ずつ読み進めていく行為は、一歩ずつゴールへ向けて進む「私」の軌跡とシンクロする。

インドで現地の人にバス乗り場を尋ねた「私」は、なぜバスで行くのか、鉄道のほうがベターだろうと諭される。

「でも、バスで行きたいんだ」

と主張するしかない「私」。そう、バスでデリーからロンドンまで行くという行為には、明確な理由や目的なんてない。

「まるで何の意味もなく、誰にでも可能で、しかし、およそ酔狂な奴でなくてはしそうにないことを、やりたかったのだ」

と「私」は思う。彼のように真剣に酔狂なことをするのは、青春のうちにしかできないこと。そうした無鉄砲ができるところにこそ、青春の値打ちはある。

いかにも青春らしい行為は、ちゃんと体験しておいたほうがいいな。それは一生の財産になるだろうから。
青春するのに実年齢は関係ないぞ。本書の著者も旅に出たのは26歳のときと遅めだった。青春とは、心の持ちようなのだ。

『論語と算盤』
渋沢栄一　守屋淳（訳）　ちくま新書

成功や失敗といった価値観から抜け出して、超然と自立し、正しい行為の道筋にそって行動し続けるなら、成功や失敗などとはレベルの違う、価値ある生涯を送ることができる。

2024年度から1万円札の「顔」となる渋沢栄一は、明治の実業界を取り仕切り、近代日本の礎（いしずえ）を築いたひとり。自身の思想を明らかにした書は、『論語と算盤（そろばん）』という一風変わったタイトルを持つ。

この意味するところは、「論語」が道徳を指し、「算盤」はビジネス感覚を示している。人が何かを成すにはこの双方が必要であり、かけ離れているように見える両者は実はとても近しい関係にある。「算盤」たるビジネスの世界で成功するには、「論語」が示すような伝統的・道徳的価値観が重要になるし、「論語」が象徴する道徳も「算盤」による経済的基盤がなければ実践できないということだ。

俊才の誉れ高き平安時代の学者・菅原道真はかつて「和魂漢才（わこんかんさい）」を唱えた。日本古来の精神に中国の技術や知識を合わせて、力を発揮しようというものだった。これになぞらえて渋沢は「士魂商才（しこんしょうさい）」を掲げた。武士の精神と商人の才覚を併せ持つことを提唱したのである。

生きる指針としては「蟹穴主義（かにあなしゅぎ）」も肝要だと説いた。蟹は自分の甲羅（こうら）の大きさとかたちに合わせて穴を掘る。自分のテリトリーをしっかりと見定め、身の丈に合った言動を心がけよというのだ。

実際に渋沢は、やれ大蔵大臣になれ日本銀行総裁になれだの、政府から要職に就いてほしいだのと要請がひっきりなしにあった。それでもいつだって、「実業界に穴を掘って入ったのであるから、今更（いまさら）その穴を這い出すこともできない」と固辞するばかり。蟹穴主義を貫いたのだった。

実業の世界の第一人者として終生、我が道を歩んだ渋沢栄一だが、彼が利己的だったのかといえばまったく違う。関東大震災に見舞われた際には、自身の事務所まで焼失したというのに、ひたすら東京の復興再建に精力を注（そそ）いだ。いつだって義の

ため、社会のために行動を尽くした。
まさに「論語と算盤」を両立させる思想を、若き頃から晩年まで貫いたのだ。
一生を貫くような基本方針に出逢うタイミングは、早いほうがいい。青春時代には、自分の代名詞となるような指針を見出すことにこそ、全力を注ぐべきだ。

文化を継承し活かすための3冊

天野の母親が、いきなり合宿所まで様子を見に来た。なかなかの心配性のようだ。

オレのもとへも相談に出向いてきた。そうして天野のことを、

「あの子、本当はできる子なんです」

と言う。オレは母親に伝えておいた。そう、子どもはみんなやればできる子だ。厳しく叱(しか)って育てるよりも、承認してやることのほうが大切である。親は多少過保護でもかまわないのだと。

日本はもともと子どもに対して、かなり過保護な社会だったのだ。江戸時代には、子どものしつけや教育は社会全体の義務・責任と考えられていた。親も手をかけてわが子を育てた。そうした精神が根づいていた。

当時は寺子屋や藩校も充実し、学習システムも確立していた。江戸社会が誇っていた、世界に冠(かん)たる教育システムとネットワークを、活

かさない手はないのだ。

日本ではとかく新しい事物や考えがもてはやされるが、それではもったいない面もある。受け継がれてきたたくさんのよき文化・伝統を、もっと活用すべきなのだ。勉強や仕事で成果を上げたければ、先人の蓄積に目を向け、使いこなす姿勢が重要である。

文化の継承について、これらの本を読んで考えてみるといい。

『二重のまち/交代地のうた』
瀬尾夏美　書肆侃侃房

ぼくの暮らしているまちの下には
お父さんとお母さんが育ったまちがある

2031年の東北のある町を舞台にした、ささやかな物語が収載されている。

その町は「うえ」と「した」の二重になっている。かつて人は「した」に住んでいて、大人たちはその記憶を持っているが、いまの子どもたちはもう「うえ」しか知らない。

秋のある日、「わたし」は祖母に尋ねた。なんでいつもそんなに花の手入れをがんばるの?

「これは地底から持ってきた花だからねえ」

祖父はといえば、もとは地底にあった石を大事にしながら、いつも不思議な話をしてくれる。

「海が大きくふくれる話や　山が涙を流す話　目に見えない花畑の話」

ちょっと不思議なこの物語は、著者が2015年に書いた「新しい民話」。舞台のモデルは、岩手県陸前高田市である。東日本大震災で被災した町だ。そこでは当時、復興工事に伴(ともな)う土地の嵩上げが盛んにおこなわれていた。

　著者の瀬尾は、震災後のボランティア活動をきっかけに、出来事を伝え残していこうと心に決めた。しばらく陸前高田に住むこととなり、被災した町跡が丸ごと埋められていく過程に直面した。かつての町とそこに確かにあった営みを想起する「細い糸」が欲しいと感じて、この物語を紡(つむ)いだという。

　復興の名のもとにつくられた新しい町の下には、目には見えねども、かつての町が横たわっているのだ。

　物語が語り継がれることによって、そうした忘れたくない事実が、人の心に何度でもよみがえってくればいい。瀬尾はそう願っているのである。

土地の人びとの言葉と風景の記録ができたら。そんな思いから主に絵と文章で表現活動をしているのが著者だ。目に見えぬもの、語りづらいものを、どう見て語るのか。その模索ぶりを見習いたい。
人の思いをかたちにして継承していこうとする具体的プロセスも、本書から学び取れるはずだ。文化を継承する作業は、多大な労力を要するのもたしか。腰を据えて臨(のぞ)むべきということも肝(きも)に銘(めい)じよ。

『光の子ども』小林エリカ　リトルモア

光はぼくらに　過去の時間を　伝えてくれる

　小説やマンガ、現代アート分野での発表とジャンルを超えて発信を続ける小林エリカが、関心を寄せて止まないテーマは「放射能」。目に見えないものなのに、人や自然に多大な影響を与える不思議に、囚われ続けてきたのだという。

本書で小林は、コミックという表現のかたちを用いて、放射能について考えを深めていく。

2011年生まれの主人公「光」と猫の「エルヴィン」は、ひょんなことから万博開催に沸く1900年のパリへタイムスリップしてしまう。

当時は放射能という存在が、人に知られていく途上にあった。1896年にレントゲンがX線を発見し、続いてアンリ・ベクレルが放射線を発見。似通った分野で研究をしていたマリ・キュリーは、放射線を発する性質のことを放射能と名づけ、1902年にはラジウムを発見したことを公にする。

すぐにラジウムの工業生産が始まるなど、新しい物質への期待は高まった。その時点では、まだ人体への危険性は認識されておらず、体調不良に陥ったキュリーもそれが放射能のせいだとは考えてもいなかったのだった。

こうして始まった放射能と人間の付き合いは、20世紀を通して目覚ましく進展し、兵器や発電へと実用化されていき、「ヒロシマ」「ナガサキ」「3・11」へと連なっていく。目には見えないが、とてつもない力を持つ放射能という存在と、これから先も人はうまく関係を持てるのか。改めて考えさせられることしきりだ。

マンガ、文章、さまざまな資料や図版を駆使して、ストーリーを展開していく形式は他に類を見ないもの。著者を衝き動かしているのであろう「知りたい」「伝えたい」という強い思いが、読む側にも伝わってくる。

その思いを貫いてオリジナルなアウトプットを実現させる構想力も、盗むべきポイントだ。

『日本精神史』長谷川宏　講談社

飛鳥仏(あすかぶつ)と白鳳仏(はくほうぶつ)の名品は、古代ギリシャの神像彫刻に劣らぬ美と精神性の統一表現だということができる。

日本の土地とそこに生きる人々は、長年にわたり培(つちか)われてきた独自の精神性を有しているはず。それを明らかにしようと、縄文時代から江戸時代までの歴史を探索していく1冊。美術、思想、文学の領域の文物と文献を読み解くことで、その奥に潜む「日本の精神」を見出そうというのだ。

取り上げる対象は多岐にわたる。縄文時代の暮らしを伝える青森の三内丸山(さんないまるやま)遺跡では、巨大建造物の遺構から、共同する生命力と精神力の結晶を感じ取る。その壮大な造形を眺めるだけで、人は生きる力を与えられたのではないかと推察する。

こちらも縄文時代につくられた火炎土器は、世界的にも稀(まれ)なオリジナリティあふれる造形を誇る。縄文人の想像力の雄渾(ゆうこん)さと、確かな技術を支えた精神力に驚かされる。

鎌倉時代に武士政権によって定められた御成敗式目(ごせいばいしきもく)は、貴族に取って代わり支配階層となった新興勢力・武士の精神のありようを強く反映している。高度な知性と合理性、それに行動を重んじる姿勢が条文から読み取れるのである。

江戸時代に花開いた俵屋宗達(たわらやそうたつ)、尾形光琳(おがたこうりん)らの絵画流派・琳派(りんぱ)は、大胆な構図とデザイン性が印象的だ。意味や思想性を差し置いて、まずはかたちと色のリズムやバランスに徹底してこだわる手法は、装飾を第一義とする創作流儀がここに完成したと見ることができる。

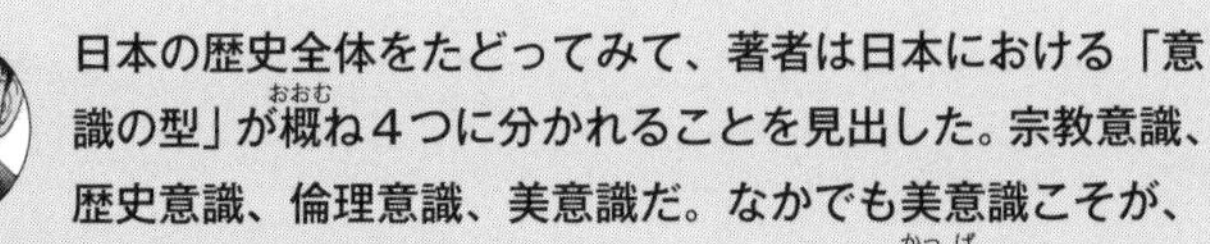

日本の歴史全体をたどってみて、著者は日本における「意識の型」が概ね4つに分かれることを見出した。宗教意識、歴史意識、倫理意識、美意識だ。なかでも美意識こそが、人の心にもっとも広く深く行きわたっているものだと喝破する。
我々の生活態度と照らし合わせても、これは至極納得のいく主張となっているな。
大きなテーマを掲げて、全体を見通すこと。どんなジャンルを学ぶときにも、まずそれをすると、各論についての理解力や吸収力が格段に上がる。たいへん有効な手法だぞ。

日本文化の特質を知るための3冊

江戸の社会が「過保護文化」だったと聞くと、意外に思う向きも多いんじゃないか？　どちらかといえば、子を厳しくしつけるほうが、日本の伝統と考えられがちだからだ。

教育において厳しさの必要性が唱えられるのは、実は明治時代以降のことである。

富国強兵を目指した明治政府は、人材育成を急務と考え、英国のパブリック・スクールの方法を丸ごと輸入した。キリスト教精神に基づく厳しい教育方針がよしとされ、その考えが踏襲されていまに至る。

文明開化のために急いで輸入した思想が、それまで培(つちか)ってきた伝統を駆逐(くちく)しながら、そのまま定着してしまったわけだ。自分たちの元来の性向だと信じているものが、意外にそうでもなくとってつけたものだったというのは、よくあること。

自身のアイデンティティを確立するのは大事なことだが、それを形

成するにあたっての根拠は精査する必要があるな。
日本文化のアイデンティティを考えるうえで必須の本も、用意しておく。

『日本文学史序説』 加藤周一 ちくま学芸文庫

日本文化のなかで文学と造形美術の役割は重要である。各時代の日本人は、抽象的な思弁哲学のなかでよりも主として具体的な文学作品のなかで、その思想を表現してきた。

日本の文学の歴史を丸ごとひもとく。なんとも大きなテーマを掲げているのが本書だ。しかも、文学と聞いてまず思い浮かべるであろう詩や小説のことだけを取り上げるのではなく、宗教・哲学的著作から農民一揆(いっき)の檄文(げきぶん)まで、文字による記録物を幅広く扱っている。文学を知りたいのなら、文学作品だけ見ていてはダメであるというのが、著者の思想なのだ。
「十七条憲法」に始まり「万葉集」「源氏物語」「平家物語」、能や狂言、江戸の本居宣長(もとおりのりなが)、明治維新を経て福沢諭吉、夏目漱石に森鷗外、戦後の三島由紀夫や大江健三郎まで。一千年以上の長きにわたって、ひとつの事象が次の事象を生じさせ、ひと筋の流れをつくり発展していくさまが詳しくたどられていく。
よほど飛び抜けた博識と広い視野の持ち主でなければ、ひとりでここまで語り尽くすことなどできない。著者の力業(ちからわざ)に圧倒されてしまう。
時代ごとの代表的文学をたどるうち、日本文化全体の特質もありありと浮かび上がってくるのが痛快だ。
いわく、日本文化は抽象的、体系的、理性的な言葉の秩序を建設するよりも、具体的、非体系的、感情的な人生の特殊な場面に即(そく)して言葉を用いる傾向にある。体系立った抽象的な思想は生まれなかったが、個別具体性のある人の感情の機微を繊細に捉えてきたというわけだ。

また、長い歴史に断絶がなく、同じ言語による文化が持続的に発展して今日に至っているので、継続性が保たれてきたのも他になかなか例がない。しかも、新旧の文化は入れ替わるのではなく、前段階のものを残したまま新しい文化が付け加えられていく。

ざっと見ても美的価値は、摂関時代の「もののあはれ」、鎌倉時代の「幽玄」、室町時代の「侘び寂び」、徳川時代の「粋」などが時代ごとに続々と加わり、同居することとなっていった。それによって、雑多ではあるけれど重層的な独自の文化が育まれていったのである。

日本の文化・社会・思想の全体像をこれほど鮮やかに描写し尽くした1冊もまたとない。読み込んで咀嚼しておけば、「日本とは何か」という問いについて、自分なりの答えを示せるようになるに違いないだろう。

『私の個人主義』夏目漱石　講談社学術文庫

西洋の開化（すなわち一般の開化）は内発的であって、日本の現代の開化は外発的である。

かの夏目漱石は小説家として名を成しただけでなく、時代を代表する思想家・批評家でもあった。そのことを最もよく示すのが本書所収の講演録「現代日本の開化」である。和歌山にて開かれた講演で漱石は、現代日本文明論を明晰に語った。

時は明治の末である。明治維新以来、日本は一心に「開化」に励んできた。漱石は開化を「人間活力の発現の経路」と定義して、人はもとのままでいられないから、明治維新以降は活力で押されるがまま発展を遂げてきたのだとする。

発展を遂げたのなら、生活が楽にならねばおかしい。たしかに多少は豊かになったが、生存競争が激しくなって、人が抱える不安や努力は昔より大きくなってしまっているではないか。

そんな事態に陥っているのはなぜかというと、日本の開化が内発的ではなく、あくまでも外発的だからだ。

明治維新以降、急激に日本は変化し発展したが、それはいきなり西洋文化の刺激にあてられたから。外から無理に押されて、否応(いやおう)なしに動かされたのだ。しかも大いに急かされて、階段を順々に踏んで通る余裕も持たなかったから、できるだけ大きな針で布をぼつぼつ縫(ぬ)って過ぎたような状態である。

そのときどきの状況を味わう余裕もなく、西洋から押し寄せる波にただ必死に合わせ漂うのみ。それでは空虚と不満と不安の念が身に溜まるばかり。

日本の開化は上滑りと評するより他ないと、漱石は断ずる。とはいえ、急場を切り抜ける名案があるわけでもない。神経衰弱にかからない程度に、内発的に変化するのがよかろう。気をつけて進みたしと、悩みを抱え込んだままに、漱石の講演は終わりを告げるのだった。

漱石が解決策を見出せなかった「内発性のなさ」。これはいまに至るまで持ち越され、日本社会の問題点となっている。漱石の言葉に立ち返ることで、打開の糸口を見つけたいところだ。

『うひ山ぶみ』
本居宣長　白石良夫（校注）　講談社学術文庫

あなかしこ、道をなほざりに思ひ過すことなかれ。

『古事記伝』全44巻をはじめ膨大（ぼうだい）な著作群を残し、江戸時代に「国学」を大成させたのが本居宣長。

ライフワークの『古事記伝』を書き終えたタイミングで、学問の要諦をまとめてほしいと求められ、記したのが本書となる。

本居宣長はここで知的基礎体力の重要性を説き、初歩的なトレーニング法を指南してくれている。

いわく、学問の根本目的とは、道を学ぶことである。

道は皇国日本にのみ伝わるものなので、その事跡が記された古事記と日本書紀を熟読すべき。

とりわけ古事記は重要である。

何度も繰り返し読んで、大筋が理解できるようになったら、自分で古典の注釈を作るのがいい。

さらには歌も詠むべし。そうしてこそ、いにしえの人たちの心を知ることができるだろう。

とにかく主体性を持ち、志を高く持ち、長い年月倦（う）まず怠らず励みつとめることだ。途中であきらめて、挫折してしまうのが一番いけない。学問の道に励む日々。その積み重ねが何よりも尊いものだというのだ。

書を締めくくるかたちで、本居宣長は自作の歌を一首載せている。

「いかならむうひ山ぶみのあさごろも浅きすそ野のしるべばかりも」

はじめての山歩きに着る粗末な麻布のような、こんな拙（つたな）いわたしの教えでも、せめて諸学の標（しるべ）にはなるだろうという意味だ。江戸時代を代表する学問の師にして、これほどまでに控えめな態度。ここまでに述べられてきた指南の説得力がいや増すというものだ。

学問を前にして謙虚な姿勢を徹底して崩さないところに、深い感銘を受ける。本居宣長の学問への敬意に満ちたふるまいを、まずは大いに見習いたい。
学を修めるとは、人格形成に役立ち、世のため人のためになり、道を知ることとなり、人生を意義あるものとして完成させることにつながる。そう本居宣長は唱えている。学問と向き合えることを喜びとせよ！

Part

4

教養は万物に通じる!

リーガルマインドを身につけるための3冊

生徒たちが受験勉強に集中しているさなかのことだ。龍山（りゅうざん）学園の理事長代行が緊急協議を持ちかけてきた。

学園を買収したいという話があるのだという。龍山を買い取り、通信教育を中心にした先進的な学校に生まれ変わらせる計画を持つ人物がおり、理事長代行はその申し出に乗りたいようなのだ。

「龍山を未来型の新しい学園に創造してみませんか？」

理事長代行は甘い言葉で他の理事を落とそうとするが、そんな手に乗るものか。理詰めでやり込めてやろうとオレは考えた。

ルールにのっとれば、理事会は多数決でものごとを決めるから、自説を通すには多数の賛同を得なければならない。そのための説得術で負けるわけにはいかない。なにしろオレは敏腕弁護士なのだからな。

つねに法に基づいた考え・発想をすること、すなわちリーガルマインドを知る本を以下に掲げよう。

『法学を学ぶのはなぜ？』森田果　有斐閣

法ルールの基本的な機能は、インセンティヴの設定を通じて人々の意思決定・行動をコントロールし、社会を一定の方向へと導くことである。

多くの大学には法学部が当たり前にある。法学を学ぶ意味や意義を、改めて考えてみる1冊だ。

法とは何か？　改めて問われると、話が大きすぎて何とも答えようもない気がしてくるが、本書ではこれを「目的達成のための道具」であると規定する。ではここで言う目的とはどんなものか。よりよい社会の実現だ。つまり法とは、よりよい社会を実現するために活用されるべき有効な道具ということになる。

法が「道具」であるなら、しっかりと機能を果たしてくれなければ困る。そのため法は多くの場合、「要件」と「効果」を組み合わせたかたちをとる。何らかの要件が充たされたとき、何らかの効果が発動すると定めているわけだ。

殺人罪を例にとれば、「人」を「殺す」という要件を充たした場合、「懲役刑」や「死刑」などの刑罰という効果が発生するという仕組みになっている。

「要件」と「効果」の組み合わせでできた法は、社会にはどんな影響を及ぼすか。法はインセンティヴを発動させることで、社会をよりよい方向へ動かしていく役割を担っていると考えられる。どういうことか。

インセンティヴとは、訳せば「誘因（ゆういん）」となる。人の意思決定や行動を変化させるような要因のことだ。法は2種類のインセンティヴを生む。何らかの意思決定や行動を促すポジティブなインセンティヴと、何らかの意思決定や行動を抑止するネガティブなインセンティヴだ。つまりは「アメ」と「ムチ」。先に見た殺人罪なら、刑罰という制裁が下るのだから、ネガティブなインセンティヴが発動するとみなせる。

このように法は、よりよい社会の実現のために日々働いているものである。ただし、よりよい社会とは何かをはっきり定義することはできないし、そのイメージは人によって異なるので、科学のようにすっきりとした答えを持つことは叶わない。解釈や適用の問題もあるので、法とは絶えず揺れ動きながら使われる道具である。謹厳(きんげん)で融通が利かない法のイメージを、本書は鮮やかに刷新(さっしん)してくれる。

無機的なイメージの強かった「法」が、ずいぶん人間味にあふれる存在だと感じられてくる。一読してものの見方を変えてくれるとは、なんて稀有(けう)な本だ！

『人権宣言集』
高木八尺＆末延三次＆宮沢俊義（編）　岩波文庫

世界人権宣言　第一条
すべての人間は、生れながら自由で、尊厳と権利について平等である。人間は、理性と良心を授けられており、同胞の精神をもって互に行動しなくてはならない。

人類が歴史を積み重ねながら築いたもののうちで、最良の成果物のひとつ。それが「基本的人権」だ。

ここには、各地で成文化された主たる人権宣言が、一堂に集められている。古いものだと13世紀の英国で成立した「マグナ・カルタ」

がある。第39条で、「自由人は、その同輩の合法的裁判によるか、または国法によるのでなければ、逮捕、監禁、差押、法外放置、もしくは追放をうけまたはその他の方法によって侵害されることはない」と明記している。恐ろしく先進的な考えが存在していたと知れる。

18世紀には、人権宣言のなかの2つの金字塔が現れる。

まず、米国の独立宣言。

「われわれは、自明の真理として、すべての人は平等に造られ、造物主によって、一定の奪いがたい天賦の権利を付与され、そのなかに生命、自由および幸福の追求の含まれることを信ずる。また、これらの権利を確保するために人類のあいだに政府が組織されたこと。そしてその正当な権力は被治者の同意に由来するものであることを信ずる」

人が有する自由と権利について、余すところなく表現されている。

もうひとつは、フランス革命時の「人および市民の権利宣言」。第11条では、きわめて近代的なこんな権利も保障される。

「思想および意見の自由な伝達は、人の最も貴重な権利の一である。したがってすべての市民は、自由に発言し、記述し、印刷することができる」

これらの先行事例に連なるかたちで、戦後にできた日本国憲法では、第97条でこう規定する。

「この憲法が日本国民に保障する基本的人権は、人類の多年にわたる自由獲得の努力の成果であって、これら権利は、過去幾多の試練に堪へ、現在及び将来の国民に対し、侵すことのできない永久の権利として信託されたものである」

さらには1948年、国連第3回総会の決議として「世界人権宣言」が採択されるに至る。いつか人類憲法が打ち立てられるときがきたら、これを前文にすればよいとの声もあるほどの完成された文言である。

我々が当たり前のものとして受け取っている自由や権利は、たゆまぬ前進と努力によって生み出されてきたものだと改めて肝（きも）に銘（めい）じておけ！

『法の精神』モンテスキュー
野田良之＆稲本洋之助＆上原行雄ほか（訳） 岩波文庫

法律は、一般的には、それが地上のありとあらゆる人民を支配するかぎりにおいて、人間理性である。

今の世で当然のものと思われている国家や社会の仕組みについて、理論的な淵源（えんげん）となっているのがこの書だ。

1748年に刊行された本書の考えに基づいて、米国の独立宣言やフランス革命後の権利宣言は、出来上がっているのである。

人間が持つ権利を見定め、いかに安定して発展的な社会を築けばいいか探究しようと決めたフランスの哲学者モンテスキューは、まず人間自体の考察から始める。そうして得た確信は、誰しも自分に課された義務や祖国に属する理由を明確に知ることができたら、幸福を感じられるはずだというものだった。

社会の仕組みを明確化するのは「法」である。モンテスキューは、法とは人間理性のあらわれであり、国家が定める「国制の法」に先立って自然の法律というものがあることを明らかにする。

さらには、人の世において考えられる政体を、３つの種類に分類した。人民が全体として、あるいは人民の一部だけが最高権力をもつところの「共和政体」。ただ１人が統治するが、しかし確固たる制定された法律によって統治するところの「君主政体」。ただ１人が、法律も規則もなく、万事を彼の意思と気紛れによって引きずっていく「専制政体」だ。

共和政体は内部的利点を持ち、君主政は対外的な力を持つなど、モンテスキューは各政体の特徴を詳しく述べていき、さらには君主の生活態度にも言及する。

「彼が自由な魂を愛すれば、臣下を得るし、低級な魂を愛すれば、奴隷を得るであろう」

「人の心情を得よ、しかし、人の精神を虜とするな」

「君公は人望を集めなければならぬ」

と心得を明示するのである。

君主の心得はそのまま現代のリーダー論として通用するものだ。その他の理論もいまの政治・社会の原理になっているものばかり。何事も起源を押さえておけば、理解度は格段に上がるものだ。

目標設定がうまくなる
ための3冊

学園の売却を狙っている理事長代行との、理事会でのバトルは続いていた。

いったん誰かに経営権を握られてしまえば、何の手出しもできなくなることの怖さを、理事長代行はわかっているのか？　ここは断固阻止せねばなるまい。

そこでオレは一計を案じた。売却反対ではなく、売却価格をとてつもなく高額に設定して、実質的に買えない状況に追い込もうと考えたのだ。

学園の価格を高額に定めるには、それなりの根拠がなければならない。

そこでオレは、来年の東大合格者を10人にするとぶち上げた。その実績を武器に、売却の圧力と戦うのだ。

理事長代行との議論で優位に立てたのは、オレが目標を明確に設定

して、共有させたからだ。向かうべき道をいち早く指し示すことは、ものごとを進めるうえでも、人心掌握をするときにも有効な方法なのだ。

的確な目標設定ができるようになるための本を、ここに並べておくぞ。

『イシューからはじめよ』安宅和人　英治出版

「これは何に答えを出すためのものなのか」というイシューを明確にしてから問題に取り組まなければあとから必ず混乱が発生し、目的意識がブレて多くのムダが発生する。

知的生産力を高めるためにはどうしたらいいか。どんな勉強をしているにせよ、何の仕事に従事しているにしても、直面する悩みはこれだ。優れた知的生産には共通の手法ありと見抜いた著者が、その方法を開陳する。

優れた知的生産をするためにカギとなるのは、「イシュー」への着目だ。

イシューとは、本当に答えを出すべき事柄のこと。問題の本質と言ってもいいだろう。

どんなときでもまず重要なのは、問題を見極めることである。

生産性の高い人は、答えを出すべき問題＝イシューをしっかりと見極め、そのイシューを分析・整理して、解決への道筋を仮説として打ち立て、段取りよく検証を済ませ、論拠と構造を磨きつつまとめて提示する。このサイクルを、スピード感を持っておこなっているのだ。

イシューを見出し、ものごとの「解」を生み出していくにあたっては、いくつかの注意点がある。たとえば、すべての過程において何事もとにかく言葉にしていくこと。言葉にできてものごとは初めて認識できるし整理できていくものである。

また、「So what？」、だから何？　と問い続けるのも肝要だ。いい仮説を立て、アイデアや考えは常にストーリー仕立てにしていくべし。アウトプットするときに、100パーセントのものを目指してはいけない。6～7割の完成度でも表に出し、何度も晒(さら)して磨き上げていくことのほうが大切である。

作品でもプロジェクトでも組織でも、何かをコントロールし完成させていく過程には、膨大(ぼうだい)な「やるべきこと」が待っている。それで思考が混乱して、物事が進まなくなることはよくある。

どうすればいいか。常にイシューは何かと意識してことにあたれば、完成と成功への筋道は必ず見えてくるものだ。

ピント外れのことで悩んだり必死になっているのは、最も生産性に欠ける行為だ。「勉強できる人」「仕事ができる人」になりたければ、真に価値あるものに狙いを定めろ！　本書のタイトル通り、イシューに始まりイシューに終わるよう心がければ、まっすぐ目標へと向かっていける。

『野生の思考』クロード・レヴィ＝ストロース
大橋保夫（訳）　みすず書房

動植物種に関する知識がその有用性に従ってきまるのではなくて、知識がさきにあればこそ、有用ないし有益という判定が出てくるのである。

1962年に人類学者の著したこの本が大きな反響を呼び、20世紀の大きな思想潮流「構造主義」が展開を始めた。

とはいえ著者の本来の執筆意図は、人類学の知見の詳細な検討から、人の思考の型を抽出（ちゅうしゅつ）しようということだった。

人類学は文化の起源を解明するため、現在に残る未開社会を研究対象とした。

観察・研究の結果、未開社会の文化・思考形式は、石器時代の状態に留まった状態であり、文明人の思考形式にはまだ追いついておらず、旧式のものが幅を利かせているとの通説がいったん出来上がった。

だが、それは誤解と無理解に満ちた捉（とら）え方だ。

未開社会で用いられているのは遅れた思考形式などではなく、「野生の思考」と呼ぶべきものである。これは呪術や神話、具体物に則（そく）して考えるひとつの思考形式。

文明人の思考形式のなかにも野生の思考は組み込まれており、重要な役割を果たしている。文明人の思考は科学的思考に満ちていると思われるかもしれないが、それこそ誤解なのである。科学的思考は限られた目的のみにしか用いられていないし、しかも効率アップに有効というに過ぎないのだ。

著者はこの著作で、西欧的思考の基盤を揺るがした。それと同時に、親族構造や神話の解釈に明確な構造があることを示し、構造人類学という新しいジャンルの扉を開いた。それのみならず、彼が示した思考法は、20世紀に展開された幅広い学問の基礎理論となったのだった。

ものごとの始原（しげん）をたどり、核となる骨格を探し出し、全体を構造的に捉える。どんな複雑な対象も、そうしたプロセスを踏めばきちんと理解・分析できると本書は教えてくれる。

「何よりも先に思考あり」と、頭でっかちになるのは危険だ。思考より先んじて、世の中には大いなる自然や多様な「生」のかたち、さまざまな感覚的な質がある。それをもとに思考を展開させていけ。そうすればものごとの構造が見えてきて、全体像もつかみやすくなる。このレヴィ＝ストロースの方法論を取り入れれば、知的視野はぐっと広がるはずだ。

『免疫の意味論』 多田富雄 青土社

身体的な「自己」を規定しているのは免疫系である。

もともとは「伝染病から身を守る仕組み」という程度に考えられていた免疫という現象は、身体内で意外なほど大きな役割を担っていることがわかってきた。免疫にスポットを当てた生命論が、1冊を通して展開される。

免疫の働きとして真っ先に思い浮かぶのは、侵入してきたウイルスや細菌をはねつけて、身体がそれらに感染するのを防御すること。これがどんな仕組みでおこなわれているかといえば、免疫が身体内のあらゆるものを「自己」か「非自己」かで厳しく判別する機能を使う。「非自己」なものが侵入していれば、それを知らせて排除へと動くのだ。

つまり身体的には、「ここまでが自分だ」という個体のアイデンティティを決定しているのは、免疫なのである。

アレルギー反応や、自己が保てず崩壊していく「老化」現象も、免疫機能によってコントロールされているものだ。わたしという「自己」を統治し管理しているものの正体は、かくも意外なところにある。

自分で自分を守るというのが、生命の究極の目標である。それを達成するために、生命はありとあらゆる方法を用いる。その有効な方法のひとつが、免疫機能というわけだ。

これは自身の意識とは関係のないところで働く力。人は自分のことなら何でもコントロールできるとつい思い込んでしまうが、それは誤りだと知っておくべきだろう。

生命のプログラムはかくも深遠（しんえん）なのだ。緻密にデザインされた「仕組み」の妙に驚嘆（きょうたん）させられる。

自分を自分たらしめているのは、意識や記憶という前に免疫という生体反応というわけだ。
身体における免疫の働きは、こう教えてくれるぞ。どうしても達成したい事柄や目標があるのなら、意志の力のみに頼っていてはダメだ。自分にとって最も基本的なルーティンに組み込むなどして、仕組みとして取り入れておくのがいいのだと。

フィクションの力を知るための3冊

学園の経営権を保持するためにも、東大合格者を２桁に乗せなければならなくなった。そこでオレは放課後に、有望な生徒たちを集めて話をすることにした。志望校を東大に変えさせるためだ。

志望校を東大に変えろといきなり伝えられた生徒たちからは、反発も出た。そこでオレはこう問いを投げかけた。

「お前たちは本当に東大に行きたくないのか？」

東大なんて行っても人生変わらないだとか、東大なんて行っても大したことないでしょとか、東大を悪く言う噂や論が巷に出回っているのはたしかだ。しかし、それを安易に信じるのか？

悪口を言うやつは､東大にコンプレックスを抱いているやつなんだ。嫉妬や僻みから嘘を流すのはよくあるパターンだ。

東大は大したことないのか？　学歴社会は本当に終わったのか？自分でちゃんと調べてみろ。安易に嘘を信じるバカになるな。自分に

嘘をつくな！　オレはそう発破をかけた。

オレの主張する論が本当に正しいのかどうか、そんなことはオレにもわからない。が、それは重要じゃない。人を説得するには、はっきりこちらの主張をぶつけることがまずは肝要なのだ。そしてその熱い思いを、フィクションだとしてもいい、とにかくストーリーとして語るのである。そうしてこそ、人の心に響く言葉が生まれるのだ。

フィクションの効用と力を感じられる本をここで紹介しておくぞ。

『世界の終りとハードボイルド・ワンダーランド』村上春樹　新潮文庫

「よくわかるよ」と僕は言った。「僕もそのことに昨日気づいたばかりだ。ここは可能性の世界だってね。ここには何もかもがあるし、何もかもがない」

当代きっての人気小説家の数ある長編作品のうち、ストーリーの構想力が最もよく味わえるものを選ぶとしたら今作だ。

物語は、まったく異なる２つの世界が、交互に語られながら進む。

１つは、静寂さと幻想に満ちた「世界の終り」。高い壁に囲まれた小さい街に暮らす「僕」は、界隈にたくさん生息する一角獣の頭骨から、夢を読み取ることを生業としている。

もう一方は、現在の東京で活劇めいた展開が繰り広げられる「ハードボイルド・ワンダーランド」。特殊な専門職に就く「私」は、自分の気づかぬうちに怪しき老科学者から、ある思考回路を組み込まれてしまっていた。

その思考回路にまつわる秘密が引き起こす騒動に、「私」は巻き込まれていく。行く手には「永遠の生」もしくは「死」が待ち受けている。はたして「私」はどう行動し、何を選び取ればいいのか。選択のカギを握るのは、「世界の終り」の世界だ。どうやら２つの世界は、密接なつながりがあるようなのだった。

２つの世界のそれぞれのストーリーに浸り切って読み進めるうち、みごとに両者が融合していく構成の妙が味わいどころである。

生きて呼吸しているような壁を持つ街や、東京の地下に潜んでいるという謎の生物「やみくろ」、たくさんものを食べる図書館の女の子……。作家の想像力が生み出す豊穣なイメージを心置きなく読者が楽しめるのは、それら奔放な想像が、計算され尽くした作品構成の枠組みにうまく収められていればこそだ。

主人公が頻繁に口にする「やれやれ」というセリフなど、村上春樹作品というとその語り口にまずは耳目が集まるが、魅力はそれだけじゃない。
ややもすれば荒唐無稽に思える事象を、ひとつの話にまとめ上げる構成力に目を向けたい。さらには、ひとつひとつのシーンを構築するのに発揮されている、尽きせぬ想像力にも驚嘆せよ。

『万延元年のフットボール』
大江健三郎　講談社文芸文庫

夜明けまえの暗闇に眼ざめながら、熱い「期待」の感覚をもとめて、辛い夢の気分の残っている意識を手さぐりする。

ノーベル文学賞作家による代表的小説のひとつである。27歳の蜜三郎は、障害児を出産した妻とともに四国の山間に暮らす。そこへ、安保闘争に挫折し傷ついた弟の鷹四が戻ってくる。蜜三郎らと合流した鷹四は若者らを扇動して、万延元年に勃発した村の一揆をなぞるように村のスーパーマーケットを襲撃してしまう。

登場する人物はそれぞれが苦悩を抱えながら、自身の閉塞した境遇から逃れ出る方策を探してもがいている。その過程で蜜三郎は、弟に妻を寝取られてしまったりもする。そうした出来事が起こる前から、その予兆が強く感じられて、読む側はハラハラドキドキさせられる。

そう、今作ではあらゆる場面において、何かが起こるときの「いかにもそれらしい雰囲気」が、文章によってみごとに形成されていく。言葉の力だけで、四国の山の谷間の情景を浮かび上がらせるのはもちろんのこと、何かが起こりそうな雰囲気やスリルといった目に見えないものまで、浮かび上がらせてしまう技量は凄まじい。

生硬にも思えるゴツゴツと抵抗感のある文体は、計算され尽くしたうえで採用されているものだろう。語句の選択、文章のテイスト、人物造形から舞台設定まで、この作品特有の「ある重たい雰囲気」を形成するためにすべてが投じられているのが伝わる。フィクションの世界を築き上げるには、ここまで徹底しなければならないのだと気づかされる。

土地の持つ歴史や、戦後の不安渦巻く時代そのものを、文章の力のみによって現し伝えてくれているのが本作だ。言語芸術の可能性の大きさを感じ取るがいい。

『明暗』夏目漱石　岩波文庫

「相変らず貴女(あなた)は何時(いつ)でも苦がなさそうで結構ですね」
「ええ」
「些(ちっ)とももとと変りませんね」
「ええ、だって同(おん)なじ人間ですもの」

言わずと知れた国民的作家の絶筆にして、未完のまま残された小説作品。ただし、終盤とおぼしきところまで書き進められているので、読む側からすれば途絶しているのがさほど気にならない。むしろ、書かれていない結末を自由に想像できるので、未完であることが作品の魅力を増しているとすら言えそうだ。

書かれているところまででもかなりの長編だが、話の内容にさほど起伏があるわけじゃない。主人公の津田は、延子と結婚したばかり。それなのに延子とのあいだには、どこからか隙間風が吹き込んでいる。妻は夫から本当に愛されているかどうか、どうも信じきれていない。そうして夫の側には、心の一隅(いちぐう)を占める他の女性の存在があった。

かつて津田に愛されていたが、他所へ嫁ぐことになった清子である。津田の上司、吉川の夫人は知ってか知らずか、津田と清子が再び顔を合わせるきっかけをつくる。

津田と清子は温泉宿で対面することになり……、というところで漱石の筆は途絶えている。

外形的には大したことが何も起こっていない。けれど読む側は、「津田はどうするのか？」「延子の気持ちはどうなる？」「吉川夫人や清子はいったい何を考えているのか？」とヤキモキしながらページを繰ることとなる。

すべてがひじょうにスリリングに感じられるのは、おそらく漱石の筆運びの妙による。登場人物それぞれの心理を微細に描き出しているのはもちろんのこと、シーンのひとつひとつにおいて、場の雰囲気をつくるにふさわしい小道具を配したり、さまざまな意味にとれる思わせぶりなセリフを人に言わせたりと、一文ずつの磨き上げられ方が凄まじいのである。

読者をフィクションの世界に引き込むために、徹底して手数をかけているのだ。

何もないところから、ひとつの虚構(きょこう)の世界を立ち上がらせてしまう文豪の筆力に感嘆(かんたん)せよ。

「なぜこれをフィクションにして語らねばならなかったのか」と、作者が込めたテーマを文中に探すとともに、1作に盛り込まれた無数の文学的創意工夫も見出そうとすれば、作品を読む楽しさは倍増するぞ。

何が「価値」なのか知る
ための3冊

天野と早瀬は合宿を張って猛勉強中だ。最終日には、センター試験の模試にトライさせた。合宿の成果が出て、ふたりとも成績はぐんとアップした。

それはいいことなのだが、ここからさらに気持ちを引き締めねばならない。

ふたりに、家に帰った日はその後どう過ごしたか聞いてみると、ゆっくり休んで寝たと言う。そこが問題なのだ！

疲れたからといって、家に帰るとそのまま休んで寝るようなやつは、東大に落ちるんだ。

大事なのは習慣である。歯を磨くように勉強しなければならない。どんなに疲れていても、他事があっても、すこしでも勉強をしないと気になって眠れないようでなければウソだ。受験はゆっくりでも長く走ったほうが勝ちなのだ。

ふだんの何気ない考えやふるまい、習慣などを根本的に変えていくことが受験では大切となる。そう、自分の生活観や価値観を丸ごと入れ替えよ！

自分にとって真に価値あるものとは何か。そもそも価値とはどういうものか。考え直すのに最適な本も、ここに用意した。

『貨幣論』岩井克人　ちくま学芸文庫

もののの数にもはいらないモノが、貨幣として流通することによって、モノを越える価値をもってしまうのである。無から有が生まれているのである。
ここに「神秘」がある。

貨幣とは何か？　という大きな問いに、経済学者が真っ向から立ち向かった1冊。

古来この問いに取り憑かれ、考えを深めてきた論者は数多くいた。そうして貨幣とは商品であるという貨幣商品説や、貨幣とは法律の創造物であるという貨幣法制説など、さまざまな論考が披露されてきた。それでも明確な答えはなかなか出ないままだった。

どうやら貨幣には本質がない。長年にわたる議論の末に、それだけは確かなこととして、ぼんやりと浮かび上がってきたのである。

結局、「貨幣とは貨幣として使われるものである」という人を食ったような答え方が、現在のところ「貨幣とは何か？」に対する有効な解となっているようだ。

本書で著者は、資本主義社会にとって真の危機はどんなものか、という問いにも答えようとしている。恐慌状態などがまずもって想像されるが、そうではない。貨幣の価値が貶められ、人が貨幣から遁走していく「ハイパーインフレーション」こそ、資本主義に本質的な危機をもたらしてしまうのだと、詳細に明らかにされていくのだった。

何が価値か？　価値はどう生じるか？　そうした根源的な問いを立てるほど、明確な解は出てこなくなる。それでもギリギリまで解へ近づこうと歩みを進めること。真の知の探究とはそういうものである。自身の専門分野における最も根本的な問いに挑む著者の姿勢に学ぼう。

『自然の鉛筆』
ウィリアム・ヘンリー・フォックス・トルボット
青山勝（訳）　赤々舎

さしあたり、この本の図版が感光紙の上に〈光〉の作用のみによって獲得されたものだ、ということを述べておけば充分であろう。

写真術の発明者のひとりとして知られるのが、英国のウィリアム・ヘンリー・フォックス・トルボット。写真は19世紀前半、いくつもの方式が相次いで確立されて世に生まれた。その中で公式の写真術発明者という栄誉は、1839年にフランスで特許申請を済ませたダゲールに与えられた。

異なる方式で写真術を完成させていたトルボットのほうは、世界最初の写真集と評される『自然の鉛筆』を完成させることで、ダゲールに対抗した。

1844〜1846年にかけて順次刊行されたこの写真集には、24枚の写真図版が厚めの台紙に直接糊で貼られていた。

街路。ガラス器。扉に立てかけた一本の箒。積み藁。橋。果物カゴ。とりたてて変哲のない、おそらくはトルボットの身近にあったのであろうものが、24枚の写真には収められている。

それらの像が絵筆でなく、そこにある光の作用だけで生み出された「光のお絵描き」であることが、当時の人々を大いに驚かせたに違いない。トルボットはこの新しい技術を「フォトジェニック・ドローイング」と呼んだ。

「ディテールの充実と遠近法の正確という2点において重宝されるのは確実だろう」

と技術の強みを売り込むことも忘れなかった。

これ以降、写真術は急速に世界中へ広まっていく。多くの肖像写真が撮られることで、人は自分の姿を保有することができるようになったり、行ったこともない場所の様子を克明に知れるようになったり。新しいテクノロジーによって、まったく新しい体験と価値が得られることとなったのだ。

『自然の鉛筆』が最初の写真集であるように、ものごとにはそれぞれ「始原」がある。歴史をたどり、根本のところまで遡って考えてみれば、そのものの本質や価値の源泉が見えてこようというものだ。

『ルイ・ボナパルトのブリュメール十八日』
マルクス　伊藤新一＆北条元一（訳）岩波文庫

やがて皇帝マントがルイ・ボナパルトの肩におちかかるときには、ナポレオンの銅像はヴァンドーム柱のてっぺんからころげおちるだろう。

19世紀フランスで起きた歴史的事件の経緯と事情を、事細かに描き出し分析する書。著者は『資本論』などで知られる思想家カール・マルクスである。

取り上げられているのは、1848年の二月革命によって成立した第二共和制が、1851年12月２日にボナパルトのクーデターによって壊滅するまでの詳細だ。

1848年のパリ市民武装蜂起でフランスは、18世紀末のフランス革命以来、再び共和国となった。

極めて先進的で民主的な共和制が打ち立てられたのだが、これは４年に満たぬ短命に終わることとなる。

なぜだったのか。

1848年のうちに、ブルジョアジーとプロレタリアートという立場の違う民衆同士の武力闘争が起きた。プロレタリアートは敗北するが、強烈な闘争力を示したことから、ブルジョアジーのなかに大きな警戒心が生じた。

その恐怖心から、ブルジョアジーは反動化していく。プロレタリアートの進出を恐れるあまり、せっかく勝ち取った民主主義的自由を、徐々にみずからの手で去勢していくのだ。

1851年、ナポレオンを伯父に持つボナパルトのクーデターが勃発。独裁制が始まってしまう。多くの人は何が起こっているのか把握できず呆然としてしまったが、マルクスは変化の契機を見破っていた。

この事態は、階級闘争の必然的な帰結に過ぎない。彼はそう喝破したのだった。

あらゆる歴史上の闘争は、社会階級の闘争の現れである。マルクスが構想した歴史の運動法則は、まったく新しい考え方だった。これまでになかったものの見方・価値観を、彼は本書で、実際の歴史に基づき鮮やかに説明し尽くしたのだった。

歴史を活写することで、人にとって価値あるものがどう生まれ変遷していくかが、ここにつぶさに示されていてエキサイティングだ。

出来事の意味や価値づけは、こうした巨視的で確固たる視点を持ってこそできるものなのだ。歴史の眺め方の一方法論を、しかと学ぼう。

自己の内面に分け入る
ための3冊

東大受験の必勝スケジュールとしては、1年に6回の模試を受けるのがいいのだ。

本番さながらの空気を味わって、どんどん「場慣れ」していく必要があるのである。

天野と早瀬にも模試を受けさせたのだが、とくに早瀬は場の雰囲気に呑まれてしまったようだ。

打ちのめされた早瀬は、自信喪失して、

「東大受験やめようかな……」

という気分になる。だが、そんなのは織り込み済みだ。早瀬にはさっそく諭(さと)しておいた。

その状態は、メンタルブロックがかかってしまっているのだ。メンタルブロックとは、思い込みで心の壁をつくってしまうこと。

失敗したときの言い訳として、「どうせ私なんて」と言っていると、

本当にそうなってしまうから気をつけろ。
　自分はバカだと言っていると、本当にバカになってしまうんだ。
　受験は、いや他のどんな事柄もそうだが、内面の機微（きび）に通じて、そこをうまくコントロールすることが重要になる。自分をうまく制御し操れないようでは、相手に勝つことなどできるはずもない！
　内面の不思議とその仕組みに迫る本を、以下に紹介しておこう。

『デジタルネイチャー』
落合陽一　PLANETS／第二次惑星開発委員会

デジタルネイチャーとは、生物が生み出した量子化という叡智（えいち）を計算機的テクノロジーによって再構築することで、現存する自然を更新し、実装することだ。

　メディアアーティストとして幅広い発信を続ける著者が、現代の人と社会のありようを定義し直したうえで、未来構想を試みる。
　現在の社会で自明とされている「人間」「社会」「幸福」「国家」といった概念は、18世紀の西洋で確立された個人と権利の考えに頼って存在している。
　それから200年が経ち、状況は大きく変わった。ところが、新しい思想はいまだ生まれ出てきていない。
　理念のアップデートがいまこそ必要だ。そのために必要なことは、従来使われてきた「言語」の制約を突破していくこと。
　言葉を介さずに現象を定義し、外在化する方法にたどり着かなければいけない。落合はそんな問題意識を持ちながら世界を見渡す。これからの社会に役立ちそうな考えはないかと。
　そうして東洋文明が長い歴史の中で、「余白」や「以心伝心（いしんでんしん）」のような、言語を超越する認識のあり方を発展させてきたことを見出す。また計算機技術の発展が、言語を介在せず現象を直接処理するシステムを実現しつつあるとする。

そこを突破口にして近代を乗り越え、強い欲求・衝動に突き動かされて未来の像を描くことが、いまこそ必要である。それを担うには、テクノロジーを駆使して発想を具現化するメディアアーティストこそ適任だろうと、著者は高らかに宣言することとなる。

人を内面から転換させて時代を動かし、新しいパラダイムを始めることを本気で目論(もくろ)む。志を高く掲げる姿勢に胸を打たれるぞ。みずから根源的な問いを発し、それに解をつけていく。思考を深めるプロセスが追体験できてスリリングだ。

『きことわ』朝吹真理子　新潮文庫

「つめたい」
永遠子(とわこ)の手が貴子(きこ)の顔に触れる。貴子の肌はむかしとかわらず熱かった。

ささやかな出来事を繊細な文章によって描き、しなやかな作品世界をつくり出す小説家による1作。

ふたりの少女が葉山で出会い、夏のひとときを過ごす。永遠子と貴子は年齢こそ違えどよく通じ合い、他の者がとうてい入り込めない世界観を築いている。

ふたりだけの世界が確固としてそこにある、そう強く感じさせるのは、語り口に依るところが大きい。ただただ五感に訴えかける描写が積み重ねられて、作品世界ができていく。

たとえば、海辺で遊ぶふたり。貴子の目に入ってしまった睫毛を、永遠子がとってやろうとする。

「貴子の下まぶたに、永遠子は自分の手をそっとあてる」

永遠子の手は冷たい。なんとかうまく睫毛をとってやると、ありがとうと貴子が抱きついてくる。

「貴子からたちのぼる蚊よけの薄荷のにおいによって、永遠子は自分の肌からは日焼け止めの甘いにおいがしているのがわかった」

視覚だけじゃない、読む側のあらゆる感覚器官が、言葉で刺激されていく。

出会いから25年が経ち、大人になって再会したふたりのやりとりも、変わらず五感に働きかける。

「永遠子が手を離そうとすると、『ありがとう』と言う貴子のしめった息が手首のうらにかかった」

感覚に徹底的に忠実であろうとしながら文章が紡がれ、1編ができあがっている。読み進めることがすなわち快楽そのものといった作品である。

自分の内面に潜んでいた感覚が、ひとつひとつ掘り起こされていくような読書体験を味わえる。官能的な表現とは、ただ赤裸々な事象を扱えばいいというものじゃない。こういう繊細さのなかに宿るのだ。感情の細かいひだを事細かく読み取る術を、美しき描写から学びとれ。

『人間失格』太宰治　新潮文庫

女のひとは、死にました。そうして、自分だけ助かりました。

戦前から戦後にかけて高い人気を誇った小説家の代表作のひとつ。執筆されたのが1948年という戦後の混乱期であることも影響しているのか、人間存在の不安がありありと描き出される。

主人公の「自分」は子どものころから、他人や家族でさえも、どんなことを考えて生きているのか見当もつかなかった。人のことがただ恐ろしく、気まずい。

そこで考え出したのは、道化(どうけ)になること。小さいころはそれでなんとかやり過ごした。学生になって地元を離れると、今度は退廃的な生活を送るようになる。

来る日も来る日も飲み歩き、女性と心中事件を起こしたりもした。そのうち、実家や周囲からほとんど見放されてしまい、精神を病(や)んだ者とみなされるようになってしまう。

「まさに廃人」

と本人が認めるような状態に陥ってのち、「自分」はようやく人間世界においてたったひとつ、真理らしきものを見出す。

それは、「ただ、一さいは過ぎて行きます」という達観(たっかん)だった。

とことん重くて暗い話が、時代を超えて若者に受け入れられてきたのはなぜか。誰の心も主人公の「自分」に共鳴するような懊悩(おうのう)を、人知れず抱え込んでいるからだ。鋭く内面へ分け入っていくには、徹底した赤裸々さと正直さが必要だと知れ。

進路に迷わないための3冊

龍山高校では３年生を集めて、大学入試新テスト説明会を開いた。大学入学共通テストが新しいかたちとなったから、これに対応してもらうためだ。

しかし、テスト内容の変化なんて些細なことだ。多少形式が変わろうとも、しっかり本質的な勉強を重ねている者なら対応できる。あわてることはない。

小手先の技術よりも、受験に立ち向かうモチベーションのほうがよっぽど大事だ。だからオレは改めて強調しておいた。

「お前たちが大人になるころの社会は、年金がもらえるかどうかもわからないような、不確定要素の多いものになる。うまく生きていけるかどうか、それは入試の成否によって決まるんだ」

誰かがつくった制度に何の疑問も持たずにいると、搾取（さくしゅ）されるばかりだ。そうなりたくなければ声を上げ、権利を主張するしかない。主張

するには、権利の内容や論戦のしかたを知っておかなければならない。
勉強して、自分で考える人間になれ。自分の頭と身体を使って生きていると言えるために、勉強しろ！
どう人生の道を選び、歩んでいけばいいかを考えるときに参照できる本が、これだ。

『死んでしまう系のぼくらに』
最果タヒ　リトルモア

わたしをすきなひとが、わたしに関係のないところで、わたしのことをすきなまんまで、わたし以外のだれかにしあわせにしてもらえたらいいのに。わたしのことをすきなまんまで。

インターネット上での発表、発信にも積極的で、若い世代を中心に圧倒的な支持を得る詩人・小説家による詩集。
「きみにとって大切な本がだれかに燃料にされる夜」(「図書館の詩」)
「凡庸(ぼんよう)さは死にあたいするね、ほそい白いくびの、まわりにある青いマフラーが、ある日空につりあげられてしまうかもね。」(「凡庸の恋人」)
などなど、新鮮な響きを持った言葉の数々がどのページにも散りばめられている。
言葉は多くの場合、情報を伝えるために使われる。でも、意味だけのために存在するそうした言葉はときに暴力的だ。こちらの感情をむりやり枠に押し込めるようなところがある。
言葉には他にもっと、意味のない並びだったり、もやもやしたものをもやもやしたままで伝える並びなんかもある。無意味で明瞭(めいりょう)じゃない、でもたしかにその人だけの、その人から生まれた言葉があるのなら、それを見出したい。
　最果タヒは本作で、そんなことを考えたかったのだという。
「私の言葉なんて、知らなくていいから、あなたの言葉があなたの中にあることを、知ってほしかった」

言葉についてこれほどまでに深く探究している本もまたとない。我らが時代に現在進行形で生成され続けている言葉があって、それが人の心の支えになってくれていることを喜びたい。自分の頭で考えるには、自分の内側から出た「自分の言葉」がぜひとも必要なのだ。

『セールスマンの死』
アーサー・ミラー　倉橋健（訳）　ハヤカワ演劇文庫

あんなのより、もっと大きな仕事だ！　チャーリイは人に好かれんだろう。好かれてはいるけど、あんまりは好かれんからな。

　米国を代表する劇作家による戯曲だ。1949年に初上演され、２年近くのロング・ランを記録。その後も世界中で上演されてきた現代演劇の金字塔である。
　ある月曜の深夜のこと。セールスマンのウイリー・ローマンが、商売道具のカバンを下げて自宅へ戻ってくる。出迎えた妻のリンダからすると、彼がひどく疲れた様子に見える。
　無理もない、彼はもう60歳。かつては営業成績もよかったが、いまじゃからっきしだ。
　しかし本人は、その事実を受け入れられず、認めていない。小さいころは自慢と期待の的だったふたりの息子たちも、いい歳をして定職にも就けぬ体たらくぶり。一家に希望の光は差すのか。

いや、光は差さないままだった。翌火曜の夜にひとりクルマで出かけたウイリーは、帰らぬ人となった。息子のビフは言う。

「お父さんは、悪い夢を見ていたんだ。とんでもない見当ちがいの」

自分を直視できず、荒唐無稽な夢にすがりつくばかりのウイリー的人物は、そこらじゅうにいるだろう。誰の心にも、ウイリーのような心境は潜んでいると言ってもいい。

セールスマン・ウイリーは、いったい何を売っていたのか。何も売っていなかったのかもしれない。そもそも本当にセールスマンだったのかどうか。
押し寄せる不安を強がりでごまかし続ける姿を見て、現代を生きる誰もがこう思うんじゃないか。「ウイリーは、わたしだ」と。
ウイリーの悲しい最期は、どうすれば回避できたのか。どこまで遡って選択を変更すればよかったのか。いやそもそも、ウイリーの最期が「間違ったもの」だったとも言い切れない……。人生の選択に絶対的な正解はない。考え続けることだけが、正解にすこしでも近づく唯一の道なのだ。

『源氏物語』

紫式部　柳井滋＆室伏信助＆大朝雄二ほか（校注）　岩波文庫

いづれの御時にか、女御、更衣あまたさぶらひ給ひける中に、いとやんごとなき際にはあらぬが、すぐれてときめき給ふ有りけり。

一千年の昔に著された、日本および世界の物語文学の原点といえる作品。桐壺帝の第二皇子として生まれた光源氏はその地位の高さはもちろんのこと、容貌、ふるまい、感受性やコミュニケーション力まですべてを兼ね備え、理想の男性として描き出される。ただし、道徳的には少々だらしない。極端な色好みで、宮中はつねに光源氏の動向によってかき乱されている。

光源氏にまつわる恋愛沙汰を軸に、時の権力の栄華や宮中を取り巻く策略を絡め、人生や社会の深淵を覗き込むようにして壮大な物語は進む。

全54帖の大長編小説として構成されているが、これには内容・形式ともに参考にすべき先行作品など何もなかった。何らかの説話や神話を下敷きにしたという形跡も見られない。つまり『源氏物語』とは、作者・紫式部が純然たる想像力を発揮して、自分の頭のなかで構想を練り上げ書いたものということになる。

日本史上最も優れた創造と言って差し支えない代物が、平安時代に完成していたことには驚くばかりだ。

大長編の内容を埋めるのが恋愛沙汰であるというのは、恋愛こそ人の情の移り変わりを表すのに最適な素材だったからだろう。どれだけ深く人の心理に分け入ることができているか。それがいい表現の条件になるんだ。
光源氏をはじめ登場人物は皆、運命に翻弄されながら世の無常を嘆く。現代を生きる我々は一見、彼ら彼女たちよりも選択肢が多いように思えるが実際はどうなのか。
運命と意思、人はどちらによって生かされているのか。我々はみずから考え、行動していると言えるのかどうか。読み進むあいだ考え続けることとなるぞ。

未来を構想するための3冊

2021年から始まった大学入学共通テストを、天野と早瀬のために分析してみた。

新しいテストでは、問われる力が増えた。従来の知識、技能のほか、思考力、判断力、表現力も加わったのだ。

明確な根拠をみずから探し出し、それをもとに考え、論を立てて、それをよりよく表現できること。

新しいテストで求められているのはそういう力である。人間としての総合力がより問われるようになったと考えていいだろうな。

この変化は悪い方向じゃない。むしろ歓迎すべき傾向だろう。真の学ぶ力、すなわち教養を身につけさえすれば失敗しないということだからだ。

これからますます必要とされる、未来を見据える力を養う本はこれらだ。

『共鳴する未来』宮田裕章　河出新書

所有物を奪い合うようなシステムに、人間が振り回されるような時代から、私たちはそろそろ脱却しなければなりません。そしてそれが可能になる条件が整いつつあります。それが「石油からデータへ」という変化です。

データサイエンス、科学方法論を専門とする著者が、持てる知見を総動員してこれからの社会ビジョンを描き出す1冊。

社会のあり方が根本から問われている現代において、その道筋はデータの適切な活用によって切り拓(ひら)くべきと著者は提唱する。新しい社会へのパラダイムシフトを引き起こすのは、技術的な面でいえばデジタル・トランスフォーメーション、AI化、データ駆動型社会の進展であるのが明らかになってきているのだ。

思想的な面から見れば、孤立化・専門化よりも共創を旨(むね)とし、人が「共によりよくある状態」を目指すことが重要となってくる。これらが実現したとき、人は現行の「human being」から、「human Co-being」（co-beingとは「共にあること」の意）へと進化するだろうと著者は説く。

そうした変化のキモとなるデータの活用に際しては、これを国家や一部企業が独占するのではないか、または悪用されるのではないかといった不安がつきまとう。

そこで本書では、医療分野などでのデータの「よき活用例」を示す。

その実例とは、5000以上の医療施設が参加し運用されている医療情報データベース組織「National Clinical Database（NCD）」や、病理診断の現場で活用されている画像診断プラットフォーム「JP-AID」といったもの。

データの意義とその正しい使い方について、本書でしっかり啓蒙されたい。

データサイエンスに関する知見だけではない。データという根拠あるものをベースに考えを進めて、新しい価値を提唱し未来を構想する力強さをこそ学び取れ！

『弱いつながり』東浩紀　幻冬舎文庫

環境を意図的に変えることです。環境を変え、考えること、思いつくこと、欲望することそのものが変わる可能性に賭けること。

平成以降の時代を代表する思想家が、現在と未来の生き方指南を試みた1冊だ。「検索ワードを探す旅」という副題が付いている通り、これからを生きる我々が真っ先に考えるべきは、いかにして新しい検索キーワードを探し出すかだという。

人の生活がインターネットから離れることはもう不可能だ。人はこれからますます検索をし続けるに違いない。ネットにつながっていると、それだけでいくらでも広い世界にアクセスできると思いがちだが、それは違う。ネットは自分が見たいと思っているものしか見ることができない。自分が思いつける検索ワード以上に世界は広がらない。見られるのは意外に狭い世界だ。

だから、常に新しい検索ワードを探し続けねばならない。どうすれば新しいワードは見つかるか。人間は環境の産物なので、自分を変えるためには環境を変えるしかない。移動せよ、旅をしよう。みずからノイズと親しみ、偶然の出会いを見つけろと著者は言う。

実践例を示そうと、東は台湾、チェルノブイリ、アウシュビッツなどへの旅の体験を披露する。行き先の歴史や課題に詳しくなくてもいい。土地の表層をなぞるように見て回るだけでも、現地に行けば強烈な何かを得られるのだから。

旅では移動時間もちゃんと味わうべし。移動のあいだにあれこれ考えることで、情報が心に染み、新しい言葉で検索しようとの思いも高まるのだ。

今後、ますますインターネット化・バーチャル化が進むのは不可避。そんな世界で快適に暮らすには、新しい検索ワードの発見能力が必須であり、その能力を磨くには「リアル」な世界とどれだけうまく付き合っていくかがカギだ。未来社会へのこれ以上ない現実的な対処法をここで学んでおけ！

『建築に夢をみた』安藤忠雄　NHKライブラリー

建築とは、完成とともにその成長も終わる、静止したオブジェではありません。社会の中で人々に使われ続ける限り、常に変化し成長する〈生きもの〉なのです。

国内外で名声を得る建築家が、自身の体験に基づいた建築論を展開する。本人が実見してきた建築や都市を取り上げ、そこにどんな夢が託されてきたのか、人の生活とどうつながっているのかを明らかにしていくのだ。

若くして建築の道を志した安藤忠雄は、学力的にも経済的にも足りないものがあって、大学で学ぶことができなかった。それでも建築をあきらめるつもりはなかった。どうするか。迷わず独学をした。理論書をひもとき、手を動かし設計の方法を覚え込む日々を続けた。

建築の何たるかが頭に入ってきたころ、安藤は実地に建築を見る旅に出た。最初は国内を隈なく見て回り、続いて世界を一周した。

米国でニューヨークの摩天楼に驚嘆し、欧州で近代建築の巨匠ル・コルビュジエやアルヴァ・アアルトの建築にうっとりした。

そうした体験をもとに、住まい、広場、庭園などといったテーマを語り尽くしていく。安藤自身の建築についても絡めて述べられるので、彼の自作がどのような意図と目的、機能や美意識を持って建てられてきたのかがよくわかる。

安藤が高く評価するものには、明らかな共通点がある。それは人の精神の葛藤や、託した夢がはっきりと読み取れるような建築だ。

建築の仕事にいつも誇りと責任を持って生きてきた。そう断言する稀代の建築家の言葉から、どんな生き方をすれば好きなことを続け、未来を切り拓いていけるのか、その方法を盗み取れ！

おわりに

さあ、天野(あまの)と早瀬(はやせ)の受験は、すぐそこまで迫ってきた。

ふたりは成功を収められるのか。龍山(りゅうざん)学園の行く末は？ そしてオレこと桜木建二(さくらぎけんじ)は、この先どんな教えを生徒たちに授けるのか？　物語は続くし、オレと生徒たちの挑戦もまだまだ道半(なか)ばだ。

天野、早瀬に寄り添いながら、ここまで「学びを学ぶ」本を見てきた読者にとって、得るところは多かったはずだ。

紹介してきた本をすべて読めればそれに越したことはない。そうはいかなくても、これらの本が存在していることを知っただけでも大きいことだ。

本書のなかでも触れたが、これからの大学入試は、より総合的で本質的な学力が問われる場となっていく。同時に実社会においても、教養を備えた真に知的な人材こそが求められるようになっていくのは間違いない。

大仰(おおぎょう)に言っているのではなく、ここに示した99冊の本をすべて読み通し咀嚼(そしゃく)できたら、それだけで受験なんて軽くクリアできるはず。東大だってパスできると請け合ってやる。そうして有為(ゆうい)な人材として世界に羽ばたいていくことができるんだ。

オレは生徒たちに、ことあるごと「東大なんて簡単だ！」と言明してきた。それは決してハッタリなんかじゃない。

みずから学ぶ意欲、学びを学ぶ方法論、学びを続ける胆力。それらを総合してかたちづくられる「教養」を身につけ、バカな自分を超えていきさえすれば、お前は万能だ！　学業成就だろうが、仕事での成功だろうが思いのままだと教えてやりたくて、分かりやすく「東大なんて簡単だ！」と唱えているんだ。

いいか、最後に改めて言っておく。

これからの時代は教養だ！　知を身にまとえ！　学ぶことなんて簡単だ！

これは知と教養を得るための、99冊のブックリストだ。大いに活用しろ。この本を携えてさえいれば、新しい時代をたくましく生きていけること請け合いだぞ。

2021年吉日
東大合格者を見守ってきた植樹「ドラゴン桜」を窓辺に

桜木建二

桜木建二

さくらぎ・けんじ

弁護士、私立龍山高等学校理事、東大合格請負人。
弁護士活動のかたわら、落ちこぼれ高校の運営改革を手がけ、東大合格者を多数輩出。改革が軌道に乗った時点でいったん引くも、進学実績が停滞する状況を見かねて理事に返り咲く。
独断で東大専門コースを立ち上げ、教育改革の流れや社会の変化を踏まえた勉強法を実践。再び東大合格者を増やした手腕が、各方面から注目されている。

マンガ　三田紀房（『ドラゴン桜2』）
ブックデザイン　bookwall
カバー写真　東洋文庫ミュージアム モリソン書庫（撮影：池山洋二）
組版　キャップス
校正　鷗来堂
構成　山内宏泰
編集　崔鎬吉

ドラゴン桜
超バカ読書
思考力↑表現力↑読解力↑の東大式99冊!

2021年4月30日初刷

著　者　桜木建二
発行者　小宮英行
発行所　株式会社徳間書店
〒141-8202
東京都品川区上大崎3-1-1
目黒セントラルスクエア
電話　編集／03-5403-4344　販売／049-293-5521
振替　00140-0-44392
印刷・製本　大日本印刷株式会社

ISBN978-4-19-865277-7